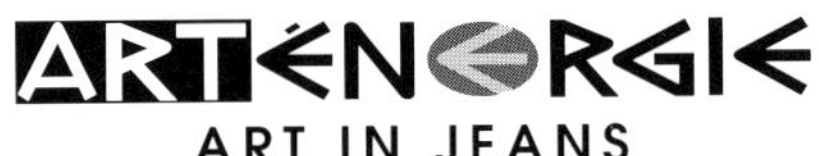
ARTÉNERGIE
ART IN JEANS

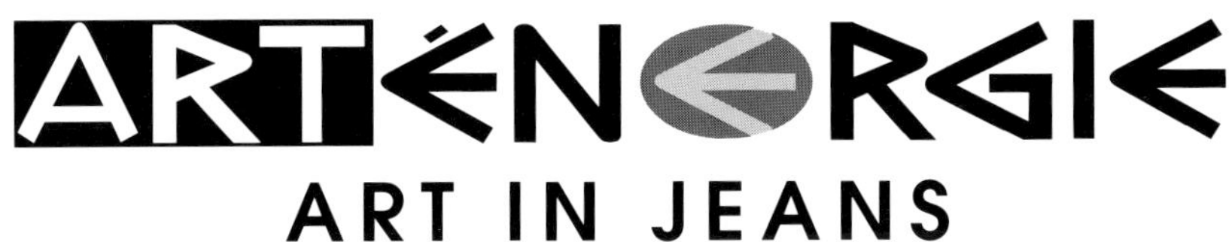

ART IN JEANS

CHARTA

Progetto grafico / Design
Gabriele Nason

Coordinamento redazionale
Editorial coordination
Emanuela Belloni

Impaginazione / Lay out
Daniela Meda

Redazione / Editing
Elena Carotti

Ufficio stampa / Press office
Silvia Palombi Arte & Mostre,
Milano

Realizzazione tecnica / Production
Amilcare Pizzi Arti Grafiche,
Cinisello Balsamo, Milano

In copertina / Cover
Pierre et Gilles, *Didier*, 1994

In quarta di copertina / Back cover
Paulina Humeres, *Adamo ed Eva*, 1997

Referenze fotografiche / Photographic credits
Paolo Cipollina
Davide Ferrante
Mario Gorni
Fabio Luisetti
Paul White

*Ci scusiamo se per cause indipendenti dalla
nostra volontà abbiamo omesso alcune
referenze fotografiche / We apologize if, due to
reasons wholly beyond our control, some of the
photo sources have not been listed*

Edizioni Charta
Via della Moscova, 27
20121 Milano
Tel. +39-2-6598098/6598200
Fax. +39-2-6598577

Printed in Italy

Artenergie
Art in Jeans
Firenze, Palazzo Corsini

9-17 gennaio / January 1998

Con il Patrocinio del / With the Patronage of
Comune di Firenze

Mostra a cura di / Exhibition curated by
Claudia Gian Ferrari, Giò Marconi,
Ludovico Pratesi, Norberto Ruggeri

*Organizzazione, coordinamento
e ufficio stampa / Organization, coordination
and press office*
Star Factory s.r.l (Carole Hallak, Paola Navarra,
Luca Sacchetti, Alessandro Santambrogio,
Anna Wright)
Elena Catola, Sixty S.p.a

Progetto dell'allestimento / Dressing project
Paolo Fiori

Allestimento / Dressing
Nolostand, Milano

Audio e video / Sound and video
Tecnoconference, Firenze

Luci / Lighting
Alfredo Grifoni

Trasporti / Shipping Company
Panzironi Art Transport

*Si ringraziano per la preziosa collaborazione
Thanks are due to*
Antonio Arevalo, Solomon Avital, Gianluca Lo
Vetro, Jonathan Turner

*Un particolare ringraziamento a
Special thanks are due to*
Claudio Bonuglia, Roma; Stefano Buonerba,
Roma; Gail Cochrane,Torino; Douglas Andrew,
Roma; Fabrica EOS, Milano; Gagosian Gallery,
New York; Galleria Monica de Cardenas,
Milano; Galleria Ugo Ferranti, Roma; Galleria
Emi Fontana, Milano; Galleria Morris Healy, New
York; Galleria In Arco, Torino; Galleria Le Case
d'Arte, Milano; Galleria 1000eventi, Milano;
Galleria Victoria Miro, Londra; Galleria
Newsantandrea, Savona; Galleria S.A.L.E.S.,
Roma; Galleria Th. e., Napoli; Galleria The Box,
Torino; Claudia Gian Ferrari Arte
Contemporanea, Milano; Il Ponte
Contemporanea, Roma; Interim Art, Londra;
Lipanjepuntin Arte Contemporanea, Trieste;
Paola Magni; Giò Marconi, Milano; Margherita
Morabito, Napoli; Officina delle Arti
Contemporanee, Napoli; Regen Projects, Los
Angeles; Rizziero Arte Teramo; Rubia Gallery,
Zurigo; Gian Enzo Sperone, New York

Si ringraziano inoltre / Further thanks are due to
L'Assessore alla Cultura del Comune di Firenze
Guido Clemente, Pitti Immagine, Viviane
Blanga, Livia Branca, Costantino d'Orazio,
Marco del Bufalo, Francesca Kaufmann,
e tutte le persone che hanno contribuito alla
realizzazione di questo progetto / Thanks are
due to all those who have contributed to the
realization of this project

Sixty: Agitazione di Gruppo

Da buon "agitatore creativo", Vichy Hassan ha costruito, con Renato Rossi, un gruppo da 250 miliardi di fatturato, la Sixty S.p.a. di Chieti, basandolo "sull'impeto giovanile". Del resto Hassan ha iniziato a occuparsi di moda nel 1984, aprendo a Roma il negozio Energie soprattutto per dare voce alle istanze delle nuove generazioni.

Anche se le intuizioni sono sempre nate dalla sensibilità di questo "eterno ragazzo" classe 1955, lui continua a ripetere che ha solo "captato e interpretato col giusto anticipo i fermenti innovativi, amplificandoli attraverso lo stile".

Fatto sta che l'intesa tra Vichy e i giovani è stata felicemente immediata e immediatamente felice.

In poche stagioni Energie è diventata l'insegna di una collezione. Da questa "prima costola", nel 1989 è nato l'organismo industriale della Sixty. Alla produzione di Energie si sono rapidamente affiancate quelle di Sixty nel '90 e di Miss Sixty nel '91. Inoltre nel 1993 è stato acquisito il marchio Murphy & Nye, leader nel tecnico sportivo. L'anno scorso ha fatto il suo ingresso nel gruppo la gloriosa etichetta Goldie.

Col fondamentale apporto commerciale e amministrativo di Renato Rossi, Sixty ha costantemente puntato al raddoppio del proprio fatturato, centrando, ogni anno, l'obiettivo. Bontà anche della rete distributiva articolata in 6 negozi monomarca, 700 punti vendita italiani, 2.500 punti vendita nel mondo e tre filiali internazionali a New York, Parigi e Francoforte.

Tanto basta a giustificare le percentuali dell'export: 42 per cento in Europa, 8 per cento in Nord America e 10 per cento tra Est e Oriente, per un totale pari al 60 per cento, contro il 40 assorbito dai mercati italiani.

In una simile moltiplicazione di numeri, Vichy Hassan, con lo stesso spirito degli esordi, anziché di fatturati e produzione, preferisce parlare di idee e ideali, meglio se provocatori e innovativi. Il risultato di questa costante attenzione alle novità, alle tendenze e alle evoluzioni dello stile, dell'arte e, perché no?, della tecnologia, ha portato Sixty a costituire, tra le prime aziende italiane, un "ufficio siti", nel quale vengono intessute fitte relazioni via Internet.

Per globalizzare l'agitazione creativa.

Sixty: Group Agitation

Like a good "creative agitator", Vichy Hassan has established, with Renato Rossi, Sixty S.p.a. of Chieti, a group with a two hundred and fifty billion lire turnover, basing it on "youthful drive". Hassan turned to fashion in 1984, when he opened his shop Energie in Rome to meet the needs of the youth market.
Even though inspiration has always come from the sensitivity of this "eternal youth", born in 1955, he keeps insisting that he has only "anticipated and interpreted the needs of the new generations and developed them through style".
The fact remains that the understanding between Vichy and the kids was successfully immediate and immediately successful.
In only a few seasons Energie has become the label of a collection. The Sixty industry was born from this first rib in 1989. Energie production was soon joined by that of Sixty in 1990 and of Miss Sixty in 1991. 1993 saw the purchase of the Murphy & Nye label, leader in sportswear, and last year the winning Goldie label entered the group.
With the support of Renato Rossi's vital business and administrative acumen, Sixty has constantly aimed at doubling its turnover and has achieved this impressive objective every year. This is also thanks to the retail network of single label outlets, including 700 in Italy, 2,500 throughout the world and three international branches in New York, Paris and Frankfurt.
This explains the export percentages: 42 per cent to Europe, 8 per cent to North America and 10 per cent to Eastern Europe and the Far East. A grand total of 60 per cent, compared to 40 per cent to the Italian Market.
However, despite this increase in figures, Vichy Hassan, true to the spirit in which he started out, rather than discussing turnover and production, prefers to speak of ideas and ideals. All the more so if they are provocative and innovative. The continual attention he pays to novelties, trends and developments in style, art and technology has resulted in Sixty becoming one of the first Italian companies to set up a web-site office, where intense business activity is carried out via Internet.
To globalize "creative agitation".

To Linda

Sommario / Table of Contents

Art in jeans

Vichy Hassan

Compromesso o segno dei tempi? Nel 1984, quando ho fondato il marchio Energie per trasformare in stile le pulsazioni, i fermenti e le avanguardie, ritenevo di essere sceso a patti con i miei ideali. Da aspirante artista con ambizioni esteticamente rivoluzionarie, ero arrivato a far moda. Certo: un lavoro creativo, in un laboratorio di idee più che di vestiti; sotto un'insegna che prima di marchio o griffe voleva essere bandiera di uno stile di vita. Un'attività poliedrica. Che comunque non era arte.
Le buone risposte del pubblico mi hanno tuttavia convinto a insistere lungo questo percorso. Dalla "costola" della mia prima collezione è nato un gruppo, la Sixty S.p.a., dal quale sono uscite a loro volta altre linee, sino alla recentissima acquisizione di Goldie.
L'arte? È rimasta un hobby e sono diventato un collezionista. Proprio in questa passione personale, avrei tuttavia scoperto il senso del mio lavoro. Sull'onda lunga della Pop Art ho realizzato che la moda come il design sono la moltiplicazione in serie di una grande idea prima: la democratizzazione del pezzo unico, un po' come la litografia rispetto al grande quadro o la suppellettile del designer in relazione alla scultura.
Non a caso il valore dell'abito è diventato concettuale più che materiale. Se il sarto di ieri lavorava essenzialmente con le mani, oggi il creatore elabora con la mente. A una domanda evoluta che consuma idee, più che merci, si offre un pensiero del quale l'abito è solo una delle tante espressioni.
Tutto ciò, non certo per dire che sono un artista ma per sottolineare come il jeans, cosi neutro e senza connotazioni limitanti, costituisca il supporto ideale per chi ha un approccio così creativo con gli indumenti. Il denim è una tela su cui si può scatenare di tutto: dal proprio vissuto al massimo genio.
Per questo ho messo il jeans a disposizione dei più grandi talenti, in più riprese: attraverso le edizioni *in progress* di Artenergie. Attraverso questi gemellaggi spero di dimostrare quali e quante energie siano in grado di attivare una semplice tela e una forma basica come il "5 tasche".
Mi auguro che ogni visitatore capti l'irresistibile richiamo del jeans, esercitando la propria creatività, sino a fare emergere ogni guizzo latente. Del resto, con tutto il rispetto per le opere dei maestri, i jeans che mi colpiscono di più restano quelli dei giovani: personalizzati dalla genialità dei cosiddetti "ragazzi comuni".

Art in Jeans

Vichy Hassan

A compromise or a sign of the times? In 1984, when I invented the trademark Energie to express the pulsations, ferments and social avantgardes in style, I thought I had compromised my ideals. From being an aspiring artist with aesthetically revolutionary ambitions I had turned to fashion. This is certainly a creative job, in a workshop of ideas rather than clothes, under a sign which, rather than a trademark or label, was intended to be the banner of a lifestyle. In other words, it was a multifaceted job, which, however, was not art.

The positive response from the public has convinced me to continue along this path. From the "rib" of my first collection another group was born, Sixty S.p.a., from which other lines have emerged, including the most recent Goldie.

So I decided to make art my hobby and become a collector.

It was this personal passion that led me to understand the meaning of my work. In the wake of Pop Art, I realized that both fashion and design mass produce a great initial idea: the democratization of the unique work, a bit like lithography compared to the great picture or designer ornaments compared to sculpture.

In support of this conviction, the value of the garment, in the unstoppable evolution of fashion, has become conceptual rather than material. Exactly like what happened in art. While the tailor of the past worked essentially with his hands, today the designer works with his mind. To satisfy a sophisticated demand for ideas rather than goods, he supplies a concept that turns clothes into one of the many means of communication.

The purpose of all this is certainly not to say that I am an artist, but to underline how jeans, which are so neutral and have no limiting features, are the ideal support for the expression of those who have a creative approach to clothes.

Denim is a material on which you can express everything from your own past experience to strokes of genius. This is why I have placed jeans at the disposal of the greatest talents in the "Artenergie" exhibitions.

In this way I hope to show what and how much energy a simple material in a basic style like jeans can release. Ambitiously I hope that every visitor to the exhibition will fall under the irresistible spell of jeans and be inspired to exercise their own creativity and discover their latent ideas or inhibited drives.

However, with all due respect for the artists' works, I am most struck by young people's jeans, which are personalized with the ingenious ideas of so-called "ordinary kids".

Riflessioni di fine secolo: sei capitoli tra arte e jeans

Ludovico Pratesi

Back to the future

31 dicembre 1999, ore 23.55.

L'attesa è febbrile, la tensione fortissima: tra cinque minuti finisce il ventesimo secolo, e comincia un nuovo millennio. Più di sei miliardi di persone sono incollate davanti agli schermi televisivi, o collegati alle reti telematiche. Sugli schermi di tutto il mondo, la storia del Novecento viene riassunta da una carrellata veloce di immagini, che raccontano i cento anni che ci siamo lasciati alle spalle.

Guerre e invenzioni, bombe e dittature, scoperte e massacri: i nomi si accavallano, le storie si confondono per avvolgersi repentine nella spirale della memoria, che le spinge inesorabilmente nell'abisso di un passato che non tornerà più. Il fungo di Hiroshima svanisce nell'impronta del primo uomo sulla luna, i rossi canali di Marte si confondono con il sangue dei cambogiani massacrati dai *Khmer Rouge*, i lineamenti aguzzi di Hitler sono tutt'uno con le lamiere contorte, che imprigionano il viso di Lady Diana, i bombardamenti di Bagdad durante la guerra del Golfo illuminano con i loro sinistri bagliori l'entusiasmo dei tedeschi davanti alle rovine del muro di Berlino. Corrono le immagini, seguono il ritmo ineluttabile dei cronometri digitali, il ticchettio degli orologi, il battito delle pendole, il silenzioso movimento dei numeri che si affrettano per allinearsi sulla fatidica serie dei quattro zeri. Dopo gli avvenimenti, ecco i volti dei grandi uomini, poi i divi del cinema, le rock star, i sex symbol. Il mitico James Dean di *Gioventù Bruciata*, Elvis "The Pelvis" con la chitarra elettrica, i Beatles che sorridono nel cartone animato di *Yellow Submarine*. Settanta, Ottanta, Novanta. Ecco Michel Jackson con suo figlio in braccio, Madonna che canta *Like a Virgin*, le Spice Girls... Tutti indossano jeans. Un secondo dopo, compare sugli schermi la fotografia di un paio di pantaloni azzurri di tela, mentre una voce fuori campo annuncia la fine di un secolo.

Siamo arrivati a mezzanotte. Non c'è più tempo per ricordare: occorre voltare pagina. Ma quell'immagine rimane, a sfidare il nuovo millennio. Non più abito, ma immagine senza tempo, creata nel presente e lanciata nel futuro. Segno e simbolo. Icona del Novecento, un secolo in jeans.

L'arte interpreta il jeans

Abbiamo detto che il jeans si può definire come l'icona del ventesimo secolo, proprio per la sua capacità di essere l'uniforme di un mondo senza uniformi, il simbolo di una società che ha distrutto tutti i simboli. Dunque, un mondo e una società che

Turn-of-the-Century Reflections: Six Chapters on Art and Jeans

Ludovico Pratesi

Back to the future

31st December, 1999, 11.55 pm
The suspense has reached fever pitch, the tension is mounting: in five minutes the Twentieth Century will be over and a new millennium will have begun. Over six billion people are glued to their TV sets, or linked to information networks. On screens all over the world the history of the Twentieth Century is shown in a rapid sequence of images giving an overview of the past hundred years.
Wars and inventions, bombs and dictatorships, discoveries and massacres: names overlap, stories become confused and suddenly caught up in the spiral of memory, which plunges them inevitably into the abyss of a past that will never return. The Hiroshima mushroom cloud fades into the footprint of the first man on the moon, the red channels of Mars merge with the blood of Cambodians massacred by the *Khmer Rouge*, Hitler's sharp features become one with the twisted sheets of metal imprisoning Lady Diana's face, the sinister flashes of the bombs dropped on Baghdad during the Gulf War light up enthusiastic Germans in front of the ruins of the Berlin Wall. The images flash past, following the unrelenting rhythm of digital chronometers, the ticking of watches, the tick-tock of pendulum clocks, the silent movement of the numbers as they hasten to line up in that fatal series of four zeros. After the events, here come the faces of public figures, followed by film stars, rock stars and sex symbols. The legendary James Dean of *Rebel without a Cause*, Elvis "the Pelvis" with his electric guitar, the Beatles smiling in the cartoon movie *Yellow Submarine*. The Seventies, Eighties and Nineties. Here is Michael Jackson holding his son, Madonna singing *Like a Virgin*, the Spice Girls ... They're all wearing jeans. A second later a pair of blue cotton trousers appears on the screen as a voice off announces the end of the century.
It's midnight. There's no more time to remember: we have to turn the page. But that picture remains as a challenge to the new millennium. No longer an item of clothing, but a timeless image, created in the present and launched into the future. Sign and symbol. The icon of the Twentieth Century, a century in blue jeans.

Art interprets jeans

We've said that jeans can be described as the icon of the Twentieth Century, precisely because they are capable of being the uniform of a world without uniforms, the symbol of a

si nutrono delle proprie contraddizioni, senza negarne nessuna, trasformando l'indefinizione in una superdefinizione, e la trasversalità nella globalità. In quanto esempio principe della società di oggi e del suo eclettismo espressivo, il jeans si presta perfettamente ad essere interpretato dagli artisti contemporanei. Attenzione. Non raffigurato o rappresentato, ma interpretato. Da oggetto possibile di mille letture, segno portatore di infiniti significati, diventa soggetto di opere d'arte che gettano sguardi attenti e illuminati sull'esplosa e frammentata contemporaneità di questo fine secolo. Per questa ragione, abbiamo invitato un nutrito gruppo di artisti internazionali ad interpretare il jeans attraverso un'opera che esprima un'opinione, un pensiero o un messaggio legato all'attualità. Così, esso è diventato veicolo di un'idea, che si esprime con un'immagine "altra", la quale nasce dal jeans per trasformarsi in un'opera che, scaturita da una riflessione sui molteplici significati già presenti nell'oggetto, lo carica di ulteriori valenze, a volte complementari, a volte contraddittorie, ma mai ovvie e banali.

Gli artisti e il jeans:
un itinerario tra le opere della mostra

Eccoci arrivati nel cuore della mostra, che è divisa in due sezioni. Nella prima sono esposte le opere degli artisti emersi dagli anni Sessanta agli anni Ottanta, mentre la seconda riunisce i lavori degli artisti più giovani, di cui molti sono stati realizzati appositamente per l'occasione. Come orientarsi in questo fantasmagorico labirinto di opere d'arte realizzate con le tecniche più disparate, dalla pittura al video, dalla scultura all'installazione, dalla fotografia al computer? Vi proponiamo un itinerario di visita basato su un criterio cronologico e tematico, per capire secondo quali modalità espressive ogni artista ha interpretato il jeans.

Dalla Pop Art alla Transavanguardia

Cominciamo dagli anni Sessanta, con l'immaginario pop di *Roy Lichtenstein*, dove il jeans è un mero prodotto di consumo, che anima l'immaginario popolare americano alla stessa stregua di un hamburger, della strip di un fumetto o di una Coca Cola. Per *Richard Hamilton*, esponente di spicco della Pop Art inglese, è una presenza del tempo, un oggetto da smitizzare con una sottile, ma penetrante, vena di ironia. *Mario Schifano* ci gioca, lo riduce ad un segno colorato, il disegno di un vestito maschile tracciato con poche nervose pennellate su un frammento di tela. Anche *Gilbert & George* guardano al reale, per coglierne gli aspetti più provocatori e dissacranti: i protagonisti dei loro montaggi fotografici sono ragazzi di strada, che esprimono i drammi dell'umanità di oggi: la droga, l'AIDS, il razzismo, l'omosessualità. Più gioiosa l'opera di *Alighiero Boetti*, che ha disegnato un cielo composto da centinaia di finissimi tratti di penna, dove volano gli "aerei biro"; un'immagine gioiosa, scaturita dalla verve di uno dei più importanti e trasgressivi artisti italiani degli ultimi decenni. L'arte di *Luigi Ontani* esprime il mondo interiore dell'artista, dove la memoria dell'arte del passato diventa un territorio magico, il kitsch si

society that has destroyed all symbols. Hence, they are capable of being sustained by their own contradictions, without denying any of them, by transforming lack of definition into high definition, and transversality into globality. As the prime example of today's society and of its expressive eclecticism, jeans lend themselves perfectly to being interpreted by contemporary artists. I repeat, not depicted or represented, but interpreted. From being the possible object of a thousand readings, the sign bearing infinite meanings, they become the subject of works of art that attentively and revealingly examine the exploded and fragmented contemporary situation at the end of this century. This is why we have invited a large group of international artists to interpret jeans through a work that expresses an opinion, a concept or a message linked to the present. Thus, jeans have become the vehicle for an idea, that is expressed in an image that is "other". An idea that is generated by jeans and becomes transformed into a work which, triggered by a reflection on the multiple meanings inherent in the object, charges it with a further significance, which is sometimes complementary and sometimes contradictory, but never obvious or banal.

Artists and jeans: a tour of the works in the exhibition

We now come to the exhibition itself, which is divided into two sections. The first exhibits works by artists who emerged between the Sixties and the Eighties, while the second groups together works by younger artists, many of which were executed especially for this particular occasion. How can we find our way through this phantasmagorical labyrinth of works of art executed by using the most diverse media including painting, video, sculpture, installation, photography and the computer? I suggest a tour in chronological and thematic order to understand the means of expression each artist has adopted to interpret the subject of jeans.

From Pop Art to the Transavanguardia

Let's begin with the Sixties, with *Roy Lichtenstein*'s Pop images, in which jeans are merely a consumer product that animates the collective American imagination like a hamburger, a comic strip or a Coca Cola. For *Richard Hamilton*, major exponent of English Pop Art, it is a presence typical of our time, an object to debunk with a subtle, yet sharp, touch of irony. *Mario Schifano* plays with jeans, he reduces them to a coloured sign, the drawing of an item of male clothing, made with a few nervous brush-strokes on a scrap of canvas. *Gilbert & George* examine reality and capture its most provocative and outrageous features: the protagonists in their photomontages are street boys, who express today's human dramas: drugs, AIDS, racism, homosexuality. *Alighiero Boetti*'s work is more joyous; he has drawn a sky composed of hundreds of very fine pen lines, with "biro aeroplanes" flying; a joyous image generated by the verve of one of the major and most irreverent Italian artists of the last decades. *Luigi Ontani*'s art expresses his inner life, in which the memory of the art of the past becomes a

mescola con la favola, e la storia scherza con l'attualità. *Sandro Chia* ed *Enzo Cucchi*, entrambi membri del movimento della Transavanguardia, illustrano con le loro opere le urgenze di un'arte che ha ritrovato le proprie radici, capace quindi di esprimersi anche attraverso semplici metafore. Chia guarda Picasso e le Avanguardie storiche, mentre l'opera di Cucchi è più vicina alla tradizione italiana, al linguaggio temporale della scultura. *Mimmo Paladino*, esponente della Transavanguardia insieme a Chia e Cucchi, presenta in questa occasione un dipinto dominato da un'intensa gradazione di blu, colore originale della tela denim. Un omaggio sottile e delicato, espresso con un linguaggio pittorico volutamente minimale, ma denso di significati metaforici. Viceversa, la tela di *Aldo Mondino* interpreta l'universalità del jeans in senso religioso, con il ritratto di due rabbini che si stanno "convertendo" alla religione del denim.

Gli anni Ottanta: dal pennello all'obiettivo fotografico

Sempre in ambito pittorico troviamo il dipinto estremamente poetico di *Ross Bleckner*, dove segno e colore si fondono in un'immagine sfumata e intensa, e l'opera di *McDermott & McGough*, che rappresentano un immaginario "ritratto americano" volutamente ambiguo. La composizione di *Maurizio Pellegrin, Tucson tea*, unisce oggetti trovati (come suole da scarpe di metallo), fotografie e altri reperti quotidiani, per comporre un'opera sull'idea di spostamento, dove il jeans compare come simbolo di un'estetica "on the road". Nel composito panorama artistico degli anni Ottanta emerge una nuova attenzione verso le tecniche artistiche più oggettive, come il video e la fotografia, che recuperano la tensione verso la sperimentazione. Questa tendenza, che viene ad articolarsi nel decennio attuale con una serie di implicazioni più complesse, vicine a tematiche sociali e politiche, è rappresentata in questa mostra da un grande numero di artisti, che hanno letto il jeans come un simbolo della società di oggi, estrapolandone volta per volta i suoi molteplici significati. Il cowboy fotografato da *Richard Prince* ironizza sull'immagine dell'uomo americano, conquistatore degli ampi orizzonti del west, mentre i soggetti marginali e "socialmente scomodi" ripresi da *Nan Goldin* esprimono invece il disagio e la marginalità presenti nelle grandi metropoli statunitensi, che dominano anche le fotografie di *Philip Lorca Di Corcia*.

Eros in jeans

Il jeans come simbolo unisex è presente nell'opera dell'artista tedesca *Inez Van Lamsweerde*, "The Forest Klaus". "Klaus è sdraiato in una suggestiva posa di estasi, in una posizione sensuale presa in prestito dal mondo della moda. A parte il nome, la forza virile e il rigonfiamento del jeans, c'è qualcosa di chiaramente femminile in Klaus. La sua pelle perfetta, i suoi capelli ben pettinati e le sue mani perfettamente curate sono sicuramente indizi ingannevoli". Descritta dal critico Jonathan Turner, quest'immagine rivela perfettamente il suo messaggio di velato erotismo. La stessa ambiguità presente nell'opera, piccola

magical terrain where *kitsch* blends with fairytale, and history jokes with the present. The works of *Sandro Chia* and *Enzo Cucchi*, both members of the Transavanguardia movement, illustrate the drives behind an art that has rediscovered its roots, and is therefore capable of expressing itself even in simple metaphors. Chia looks to Picasso and the avantgardes of the past, while Cucchi's work is closer to the Italian tradition, to the temporal language of sculpture. *Mimmo Paladino,* exponent of Transavanguardia together with Chia and Cucchi, presents on this occasion a painting dominated by an intense shade of blue, the original color of denim. A subtle and delicate tribute, expressed in a pictorial language that is deliberately minimalist, but rich in metaphorical meaning. By contrast, *Aldo Mondino*'s canvas interprets the universality of jeans in the religious sense, by portraying two rabbis "converting" to the "denim" religion.

The Eighties: from brush to camera lens

Still in the pictorial field, there is the extremely poetic painting by *Ross Bleckner*, where sign and colour blend in a delicately shaded yet intense image, and *McDermott & McGough*'s deliberately ambiguous imaginary "American portrait". *Maurizio Pellegrin*'s composition, *Tucson Tea*, combines *objets trouvés* (such as the metal sole of a shoe) with photographs and other everyday articles, in order to create a work based on the idea of movement, in which jeans appear as the symbol of an "on the road" aesthetics. In the composite artistic panorama of the Eighties there emerged a new interest in more objective artistic techniques, such as video and photography, which revived a tendency towards experimentation. This trend, which has developed a series of more complex implications involving social and political themes during the present decade, is represented in this exhibition by a large number of artists, who have interpreted jeans as a symbol of today's society, by extrapolating in turn their many meanings. The cowboy photographed by *Richard Price* is an ironical image of the American male, conqueror of the vast horizons of the West, while the disadvantaged and "socially undesirable" individuals photographed by *Nan Goldin* express the hardship and marginalization in the great US metropolises, which also feature in *Philip Lorca Di Corcia*'s photographs.

Eros in blue jeans

Jeans as a unisex symbol are present in *The Forest Klaus* by German artist *Inez Van Lamsweerde*. "Klaus is lying in a suggestive ecstatic pose, in a sensual position borrowed from the fashion world. Apart from his name, his virile strength and the bulge in his jeans, there is something obviously feminine about Klaus. His unblemished skin, his neatly combed hair and his perfectly manicured hands are definitely misleading clues". Described by critic Jonathan Turner, this image perfectly reveals its message of veiled eroticism. The same ambiguity is to be found in the small, refined work by *Matthew Barney*, which depicts the artist dressed in female clothes beside gym

ma preziosa, di *Matthew Barney*, che vede l'artista vestito in abiti femminili accanto ad attrezzi da ginnastica, che potrebbero trasformarsi da un momento all'altro in un set per rapporti sado-maso. Un erotismo più esibito, ma in maniera sempre più discreta, domina il lavoro dei francesi *Pierre & Gilles*. Si tratta di "Didier", un muscoloso autostoppista che, con il pollice alzato, cerca un passaggio verso Saint Tropez. Indossa soltanto un minuscolo paio di jeans strappati e il suo sguardo è inequivocabile.

Le immagini tratte dal video di *Paul Mc Carthy* sono più esplicite: rappresentano un uomo che si toglie i jeans mostrando i propri genitali in un atteggiamento esibizionistico senza pudori. Decisamente al di là del "comune senso del pudore" sono le grandi fotografie di *Andres Serrano*, tratte dal ciclo *History of sex*, una serie di immagini forti ma eleganti in cui sono rappresentate "senza veli" le perversioni sessuali più allucinanti. Altrettanto forte è l'immagine di *Tazzie*, appositamente realizzata per la mostra: una culturista, vestita solo di un hot pant di jeans, in cui caratteristiche maschili e femminili si mescolano e si confondono in un'indeterminazione sessuale che è una delle caratteristiche di questi anni Novanta.

Meno esplicite, ma non per questo prive di *appeal*, sono le fotografie dei due artisti italiani *Alberto Balletti* e *Mauro Mercandelli*, che fotografano a vicenda i propri corpi cercando un'immagine intima ma impersonale. "In una delle loro recenti immagini digitali" spiega Jonathan Turner "lo spettatore vede la foto di un uomo fotografato dall'ombelico alla coscia. L'uomo, a torso nudo, indossa soltanto un jeans sbottonato, che crea un'impressione selvaggia". Totalmente diverso l'approccio dell'olandese *Erwin Olaf*, che ha fotografato Rob e Sudi , due gemelli di colore ripresi sotto una luce fluorescente azzurra.

Dal corpo reale al corpo artificiale, in un delirio plastificato di protesi e bambole di plastica degne di un sex shop del ventunesimo secolo, dove i confini tra maschile e femminile sono ormai tramontati: questa è l'inquietante opera di *Jane & Louise Wilson*, esponenti di spicco della nuova scena artistica inglese a cui appartengono anche *Catherine Opie* e *Gillian Wearing*, entrambe presenti in mostra. Il lavoro della Wearing, in particolare, esprime la gioiosa spensieratezza dei giovani metropolitani, protagonisti anche delle ironiche foto di gruppo degli *Art Club 2000*. Qui i jeans diventano la "divisa" dei giovani di tutto il mondo, senza distinzione di razza, sesso o classe sociale: l'abito mondiale delle ultime generazioni, comodo ed essenziale. Una linea immediata che unisce le poetiche degli artisti che si sono affermati in questi ultimi anni Novanta, come lo svizzero *Wolfgang Tillmans* e l'italiana *Sabrina Sabato*, dove ogni piccolo istante del quotidiano viene ripreso per costruire un racconto di vita vissuta "in diretta".

Rispetto alla forza espressiva, senza mediazioni né particolari concessioni estetiche, delle fotografie di Tillmans, gli artisti italiani più·giovani affrontano l'attualità con un atteggiamento introspettivo e privato, quasi intimista. *Monica Carocci* elabora stampe fotografiche dai contorni sfumati, esaltando la loro imperfezione e alterandole volutamente con graffi e macchie. Questa fotografia "sporca" privilegia soggetti stranianti,

equipment, which might turn into a set for sadomasochistic sex any second. A more obviously displayed, yet more discreet, eroticism dominates "Didier" by French artists *Pierre & Gilles*. It depicts a muscular hitch-hiker thumbing a lift to Saint Tropez. All he is wearing is a tiny pair of torn jeans and his expression is unmistakable.

Paul McCarthy's video is more explicit: it shows a man taking off his jeans to expose his genitals in a utterly shameless flasher pose. *Andres Serrano*'s large photographs go well beyond the bounds of modesty. They are part of *History of Sex*, a series of strong and elegant pictures in which the wildest sexual perversions are openly displayed. Equally strong is the image of *Tazzie*, created specifically for the exhibition: a phisycal culturist, wearing only a pair of denim hot pants, displays male and female characteristics that fuse to produce a sensual ambiguity that is, in itself, one of the characteristics of the Nineties.

Less explicit, but not without sex appeal, are the photographs by the two Italian artists *Alberto Balletti* and *Mauro Mercandelli*, who photograph each other's bodies seeking to produce an intimate yet impersonal image. "In one of their recent digital pictures – explains Jonathan Turner – the spectator sees a man photographed from the navel to the thigh. The bare-chested man is wearing nothing but a pair of unbuttoned jeans, which makes him look savage". Dutch artist *Erwin Olaf* has a completely different approach. He has photographed the black twins Rob and Sudi under a light blue fluorescent light.

From the real body to the artificial body in a plasticized frenzy of artificial limbs and plastic dolls worthy of a twenty-first-century sex shop, where the boundaries between male and female no longer exist: this is the disturbing work by *Jane & Louise Wilson*, major figures on the new English art scene, like *Catherine Opie* and *Gillian Wearing*, who are also taking part in the exhibition. Wearing's work, in particular, expresses the happy-go-lucky attitude of city youth, who also feature in the ironical group photos by *Art Club 2000*. Here jeans become the "uniform" of the youth of the world, without any distinctions of race, sex or social class: the comfortable, basic global gear of the younger generations. This is an immediate line that links the poetics of the artists who have become established in the Nineties, like Swiss *Wolfgang Tillmans* and Italian *Sabrina Sabato*, where every tiny moment of the day is recorded to narrate a life that is directly experienced.

Compared to the expressive immediacy of Tillman's photographs, without mediations or particular aesthetic concessions, the younger Italian artists face the present with a private, introspective, almost intimate approach. *Monica Carocci* prints blurred photographs, stressing their imperfection and deliberately altering them by adding scratches and stains. This "dirty" photography focuses on alienating subjects, female forms or cityscapes to express a restless, painful reality. It is an approach similar to that of *Daniele Galliano*, who extrapolates scenes of city angst from the mass media and transfers them to canvas with rapid brush-strokes reminiscent of television channel switching.

By contrast, *Maurizio Vetrugno* seeks out the possible points of

sagome femminili o vedute metropolitane, per esprimere una realtà inquieta e sofferente. Un approccio simile a quello di *Daniele Galliano*, che estrapola dai mass media scene di disagio metropolitano, trasferendole su una tela con una pittura veloce, quasi da zapping televisivo.

Maurizio Vetrugno ricerca invece i possibili punti di contatto tra arte e moda, nelle sue leggere e dissacranti opere dedicate alle griffe di tendenza. Nella stessa direzione lavora anche la svizzera *Silvie Fleury*, ma in maniera più esplicita, sottolineando il valore effimero e consumistico della moda internazionale attraverso opere che riproducono le copertine delle riviste "fashion" più famose.

Nelle immagini di *Sam Taylor-Wood* incontriamo persone e situazioni tratte dalla vita reale che l'artista isola per esprimere uno stato d'animo di sofferenza esistenziale. Qui i protagonisti sono le persone comuni, gli uomini della strada, attori inconsapevoli di azioni quotidiane apparentemente insignificanti, ma in realtà espressioni di un'interiorità analizzata dall'artista con inconsueta capacità narrativa.

Altri artisti si muovono su un crinale più interpretativo. Per *Eva Marisaldi* la tela denim sostituisce lo specchio, così come il jeans annulla l'identità di chi lo indossa, vera e propria uniforme del "villaggio globale". *Marco Samoré* sceglie di isolare un semplice dettaglio del pantalone, il bottone di metallo sopra la cerniera, e lo ingrandisce al punto tale da creare nello spettatore un inquietante effetto di straniamento. La canadese *Myriam Laplante* ha inserito i jeans in un'immagine surreale, ai confini tra realtà e visione onirica, una sorta di territorio mentale dove i fantasmi del passato si confondono con i diversi, i freak della società contemporanea.

Enrica Borghi e *Alberta Pellacani*, seppure in maniera differente, hanno interpretato il tema della mostra trasformando il denim in una festa di colori, forme e messaggi carichi di gioiosa sensualità. Anche il giovane artista americano *Tom Sachs* ha lavorato con il denim nella sua installazione; i jeans sono stati trasformati in palle di stoffa appoggiata su leggeri scaffali: da abito a materia plasmabile.

Matthew Marello, un altro artista di New York, espone un'opera fotografica che raffigura un ragazzo vestito di jeans seduto su una spiaggia e circondato da uno stormo di gabbiani. Un'immagine di taglio cinematografico, che ricorda un celebre film di Hitchcock, *Gli Uccelli*, come ha giustamente sottolineato Jonathan Turner. Anche le opere dell'australiana *Tracey Moffatt* sono vicine al cinema, ma utilizzano gli strumenti filmici per catturare immagini dure e provocatorie, ispirate all'immaginario neorealista. Le fotografie della Moffatt mostrano la vita degli aborigeni australiani, impegnati in una difficile lotta per la sopravvivenza nelle periferie delle grandi città. I giovani aborigeni indossano spesso vecchi jeans, simbolo di una cultura occidentale accettata ma non condivisa.

Più concettuale la scelta di *Giovanna Di Costa*, che presenta un ciclo di fotografie intitolato "Voglio avere un figlio da Maurizio Cattelan", ironizzando sul divismo di Maurizio Cattelan, un giovane artista italiano molto noto nel mondo dell'arte internazionale.

contact between art and fashion in his light, irreverent works devoted to the trendy designer labels. Swiss artist *Silvie Fleury* works along the same lines, but she stresses more explicitly the fleeting and consumer aspects of international fashion by using the covers of the most famous glossy magazines. In the images created by *Sam Taylor-Wood*, we find people and situations created from everyday life, which the artist isolates to create a mood of existential suffering. Here the protagonists are common folk, the man in the street, unwitting actors who perform commonplace actions apparently without meaning, but which are actually expressions of inner life analyzed by the artist with unusual narrative insight. Other artists have chosen a more interpretative approach.

For *Eva Marisaldi* denim replaces the mirror, just as jeans hide the identity of those who wear them, since they are the real uniform of the global village. *Marco Samoré* chooses to isolate a simple detail of the trousers, the metal button above the zip, and he enlarges it so that it has a disturbing, alienating effect on the viewer. Canadian *Myriam Laplante* has set jeans in a surreal context, between dream and reality, a kind of mental terrain where the ghosts of the past mix with the freaks of contemporary society.

Enrica Borghi and *Alberta Pellacani* have, in different ways, interpreted the theme of the exhibition by turning denim into a feast of colours, shapes and messages bubbling over with joyous sensuality. The young American artist *Tom Sachs* has worked with denim and, in his installation, jeans have been turned into balls of fabric, draped over lightweight shelving: they have been transformed from an item of clothing into a malleable substance.

Matthew Marello, another artist from New York, exhibits a photograph of a boy dressed in jeans sitting on a beach and surrounded by a flock of seagulls. A cinematic image that is reminiscent of Alfred Hitchcock's famous film *The Birds*, as Jonathan Turner has justly pointed out.

The works of Australian *Tracey Moffatt* also draw on the cinema, but use cinematic instruments to capture harsh, provocative images inspired by Neorealism. Moffatt's photographs depict the life of Aborigines engaged in a difficult fight for survival in the outskirts of the big cities. The young Aborigines often wear old jeans, the symbol of a Western culture that is accepted but not shared.

Giovanna Di Costa's work is more conceptual; it is a series of photos entitled "I Want to have Maurizio Cattelan's Baby", in which she is being ironical about the personality cult of Maurizio Cattelan, a young Italian artist who is very well-known on the international art scene.

Greek artist *Miltos Manetas* brings a social message, he takes unusual scenes from everyday life and presents them as ironic and absurd photo sequences. The work of Macedonian artist *Robert Gligorov* is definitely extreme; it is a self-portrait of the artist as a hanged man, wearing nothing but a pair of jeans. From pulp language we turn to the minimal painting of English artist *Alessandro Raho* who depicts boys and girls with nondescript, expressionless faces against the neutral ground of the canvas.

Un messaggio sociale giunge dall'artista greco *Miltos Mane-tas*, che riprende singolari scene di vita quotidiana presentate come ironici e assurdi set fotografici. Decisamente estremo il lavoro del macedone *Robert Gligorov*, che raffigura il suo autoritratto da impiccato indossando soltanto un paio di jeans.

Dal linguaggio *pulp* si passa alla pittura minimale dell'inglese *Alessandro Raho*, che ritrae ragazzi e ragazze dai volti anonimi e inespressivi che si stagliano sul fondo neutro della tela. *Ford Beckman* invece usa la pittura in maniera leggera ed ironica per dipingere in maniera gestuale i volti dei clown sui materiali tratti dalla vita quotidiana, come linoleum o tela denim. Questi grandi volti lievemente malinconici, raccontano l'altra faccia del circo, la solitudine e il vagabondaggio nomade vissuti come condizione esistenziale. Sotto un'apparenza felice, dietro questi tratti grotteschi, si nasconde in realtà un'esistenza difficile e marginale.

In una mostra di arte contemporanea non potevano mancare i video, dove la consistenza tattile del jeans si riduce ad una pura immagine filmica, e quindi immateriale, come in quelli dell'inglese *Carl Hopgood* e del francese *Fabrice Langlade*. In un'epoca che tende alla smaterializzazione dell'opera d'arte la telecamera si pone come strumento privilegiato per passare dal reale al virtuale.

A volte il dato fisico viene combinato con l'immagine video, come nell'installazione di *Marcos Lutyens*: il suo lavoro viene descritto dal critico e poeta Antonio Arevalo come "uno stendino dove sono appesi vecchi jeans, mentre su vari monitor compaiono i volti delle persone che li hanno indossati". Se per Lutyens il jeans mantiene una memoria di coloro che lo hanno indossato, per l'argentino *Miguel Rotschild* esso diventa l'oggetto di un desiderio sentimentale e affettivo, quasi erotico. L'artista imprime sul pantalone una serie di mani che sembrano accarezzarlo e toccarlo, in un abbraccio dolce e sensuale. Anche la cilena *Paulina Humeres* lo percepisce come un oggetto erotico: "nella sua opera la Humeres propone una suggestiva rilettura di un famoso dipinto di Lucas Cranach, *Adamo ed Eva*, dove i pantaloni, sostituendosi alla mela come oggetto del desiderio, ne provocano la cacciata dal Paradiso terrestre. Noi spettatori siamo costretti ad origliare, dando sfogo al nostro istinto voyeuristico" spiega Arevalo.

Infine, il lavoro di *Solomon Avital* è un sottile omaggio ad Energie: un'immagine tratta dall'ultimo catalogo di Energie, stampata sulla tela azzurra con un effetto sfumato di notevole eleganza. L'itinerario è finito, possiamo tornare al punto di partenza. Mancano meno di ottocento giorni al Duemila: sarà un secolo in jeans?

Ford Beckman, on the other hand, uses painting in a light, ironical way to gesturally portray the faces of clowns on ordinary materials like linoleum or denim. These slightly melancholy, large faces show the other side of the circus: solitude and eternal wandering experienced as a condition of life. The happy exterior and the grotesque signs hide a difficult and marginal existence.

A contemporary exhibition has to include videos and here tactile denim is reduced to a purely filmic image, to something immaterial, as in the videos by English artist *Carl Hopgood* and French artist *Fabrice Langlade*. In a period that tends towards the dematerialization of the work of art the telecamera is the best way of making the transition from real to virtual.

Sometimes the physical object is combined with the video image, as in *Marcos Lutyens*'s installation. His work is described by the critic and poet Antonio Arevalo as "old pairs of jeans hanging on a clothes drier, while the faces of the people who have worn them appear on various monitors". While jeans remind Lutyens of those who have worn them, for Argentine *Miguel Rotschild* they become the object of a sentimental, affectionate desire, that is almost erotic. The artist prints a series of hands on the jeans that seem to caress them and touch them in a sweet, sensual way. Chilean artist *Paulina Humeres* also sees jeans as an erotic object: "in her work Humeres proposes a suggestive interpretation of Lucas Cranach's famous painting *Adam and Eve*, where the trousers, replacing the apple as the object of desire, provoke the expulsion from Paradise. We spectators are forced to peep at them and thus gratify our voyeuristic instinct", explains Arevalo. Finally, *Solomon Avital*'s work is a subtle tribute to Energie, in which an image taken from the latest Energie catalogue is printed on the jeans creating an extremely elegant, subtle effect. That brings our tour to an end and we can return to the starting point. There are less than eight hundred days to the year 2000. Will it be a century in blue jeans?

Le profezie del jeans

Gianluca Lo Vetro

Universali? Si potrebbe quasi osare l'attributo "profetici". Perché quando si parla di jeans, questi sorprendenti pantaloni sembrano possedere la caratteristica di maggiore attualità del momento storico in cui si affronta l'argomento. Alle soglie dell'Europa Unita: alla vigilia del crollo del muro di Berlino, Jean Baudrillard nel saggio introduttivo alla prima edizione di Artenergie, sottolineava le corrispondenze tra l'epoca in via di globalizzazione e il "5 tasche". "Nella diffusione mondiale degli scambi — stigmatizzava lo studioso — alcuni prodotti-feticcio come il jeans, la Coca Cola o il McDonald's, si sono trasformati in denominazioni totemiche che hanno invaso sia l'immaginario che il mercato reale".

Per un capo nato nel XIX secolo, già simbolo di fenomeni come la "gioventù bruciata" fine anni Cinquanta, il Pop dei "favolosi" Sessanta, la contestazione dei "formidabili" Settanta e la massificazione dell'edonismo griffato anni Ottanta, era a dir poco straordinario, essere ancora *up-to-date* alle soglie del 2000. A quattro anni di distanza dalle considerazioni di Baudrillard — un'eternità nella "nostra" dimensione del tempo reale — i jeans, quasi invariati nella forma e nel tessuto, compiono, tuttavia, l'ennesimo miracolo, restando in linea con quello che i tedeschi chiamano lo *Zeitgeist*. A questo punto occorre una piccola digressione.

Carnal Art e jeans cicatrizzati

Le avanguardie artistiche hanno indicato, tra non poche polemiche, la strada della Carnal Art. Come sostiene Francesca Alfano Miglietti, teorico di mutazioni e direttrice della rivista *Virus*, "nel meticciaggio dei nostri tempi, il corpo è diventato il vero territorio di scambio tra naturale e artificiale, maschile e femminile, meccanico e biologico: un corpo di metamorfosi; superficie favolosa di iscrizione dei segni". Caduto il tabù di manipolare la carne, Orlan trasforma il suo volto con interventi-happening di chirurgia plastica, Franco B. si fa dissanguare sulla pubblica piazza per denunciare la prigionia del corpo nelle strutture pubbliche, mentre nelle bacheche delle mostre entrano resti umani. Provocatorie, violente, al limite del raccapricciante queste azioni estreme, pronipoti della Body Art anni Settanta, dilatano inquietantemente la realtà sempre più "normale" di adeguare il corpo, al proprio pensiero. Da Michael Jackson che sfida le leggi del tempo e della razza con la bianca, eterna e artificiale giovinezza del suo volto, alla clonazione dei corpi siliconati delle soubrette televisive, si arriva all'ossessione delle nuove generazioni di ridisegnare il proprio corpo in palestra. Per non parlare del *piercing*, dei tatuag-

Jeans Prophecies

Gianluca Lo Vetro

Universal? We might even dare to use the adjective "prophetic". Because, speaking of jeans, these extraordinary trousers seem to be the very latest fashion whenever we broach the subject. Now, the threshold of a United Europe or on the eve of the fall of the Berlin Wall, Jean Baudrillard in his introductory essay to the first "Artenergie" exhibition, stressed the similarity between the era of globalization and jeans. He stated, "Jeans is the only garment wich, along with Coca Cola and McDonald's have become totemic catch words that have invaded both the imagination and the real market".

For an item of clothing born in the Nineteenth Century and formerly the symbol of phenomena like "the lost generation" at the end of the Fifties, the pop music of the "swinging" Sixties, the protest movements in the "formidable" Seventies and the designer hedonism of the masses in the Eighties, it is extraordinary that it is still up-to-date in the last decade of the Twentieth Century. Four years after Baudrillard's remarks — an eternity in "our" real time dimension — jeans, virtually unchanged in style and material, still work the same miracle. Their success can be explained in different ways yet it is always in line with the spirit of the times. And here a short digression is required.

Carnal Art and Scarred Jeans

The artistic avantgardes have — not without causing considerable controversy — pointed the way to Carnal Art. As Francesca Alfano Miglietti, theorist of mutations and editor of the magazine *Virus* explains, "In the mestization of our times, the body has become the actual terrain of exchange between natural and artificial, male and female, mechanical and biological: a body of metamorphoses; a fabulous surface for the inscription of signs". After the taboo of manipulating flesh was broken, Orlan changed her face through plastic surgery-happenings, Franco B. bled himself in public to denounce the body's imprisonment in public structures, while exhibitions displayed human remains in glass cases.

A violent provocation bordering on the gruesome, these extreme actions, the follow-up to Seventies Body Art, disturbingly increased the "normal" practice of adapting the body to one's ideas. From Michael Jackson, who challenges the laws of time and race with his white, eternally and artificially youthful face, and the cloned silicone bodies of television showgirls, we come to the new generations who are obsessed with reshaping their bodies by working out in the gym. Not to mention piercing, tattooing and branding: the new distinguishing marks of the young tribes.

gi e dei marchi a fuoco: segni distintivi delle tribù giovanili.

I sociologi decodificano il fenomeno, chiamando in causa "il bisogno di differenziarsi in un mondo omologato": globalizzato, persino nella moda, un tempo originale, ora serializzata in multipli della proposta di punta del momento. Questo meccanismo di azione-reazione apparirebbe chiaro in un carcere di media sicurezza americano dove i detenuti, obbligati alla divisa, si distinguono con i tatuaggi e i tagli stravaganti di barbe, baffi o capelli: uniche parti fisiche libere da imposizioni, ergo personalizzabili. Sui volti dei ragazzi d'oggi, con pizzetti, basette e chiome manieriste, non si legge forse la stessa impellente necessità? Se le stoffe e le forme degli abiti sono tutte uguali è plausibile che la fantasia decorativa si sposti sulla pelle e quella plastica sul corpo. Ecco dunque che il jeans, già definito "seconda pelle" negli anni Settanta, diventa "indumento-supporto" per eccellenza: l'unico trattabile e manipolabile come l'epidermide, su cui le nuove generazioni manifestano la loro creatività. Basta guardarsi intorno. Come le braccia o il busto, il "5 tasche" viene tatuato con scritte, disegni e simboli. Ma c'è anche chi lo trafigge con borchie e anelletti alle stregua del labbro, del naso, della lingua e dei capezzoli nelle pratiche di piercing. E che dire di certi squarci provocati ad arte e scientificamente suturati? Non sono forse assimilabili al marchio a fuoco del *branding*: al gusto per la cicatrice che ha trasformato la "piaga in piega"?

Una seconda pelle universale per tutti i segni della storia

Nella più intima contaminazione tra stoffa e cute sui jeans si ritrovano dunque tutti i segni forti praticati sull'epidermide. Con una logica analoga, in un mondo complesso alla ricerca del lusso della semplicità, lo straclassico "5 tasche" resta il più naturale passe-partout: un po' come le proprie gambe con cui si va dovunque. Non è casuale che tra le ultime evoluzioni materiali del denim, figuri "l'elasticizzato" che porta ancor più "a corpo", un indumento già in simbiosi con esso. Ripensando alle ultime sfilate di prêt-à-porter femminile, dove si è imposto il nylon color carne, sembra che addirittura gran parte della moda sia indirizzata verso il concetto della "seconda pelle". Il jeans trova insomma una ragione d'essere "in ogni oggi" mettendo d'accordo avanguardia e tradizione. Più che mai valide, dunque, le conclusioni di Ugo Volli secondo cui, questo indumento "è un significante universale che si adatta a tutto, avendo attraversato tutti i significati". Probabilmente, chi scriverà l'introduzione alla terza edizione di Artenergie troverà nuove corrispondenze tra i "suoi giorni" e i pantaloni dei cercatori d'oro, avvalorando la nostra ipotesi del jeans "profetico". In questa sede, però, si vuole solo rafforzare il concetto di "universalità". Questa, infatti sembra la miglior chiave di volta per raccordare un "normale" capo di vestiario alle vette dell'arte, forti dell'adagio di Paul Valéry: "l'universalità è più preziosa dell'originalità".

Per sei percorsi alternativi

"Mobile continuità" per definizione, il tempo è sembrato l'elemento più adatto a ordinare, quantomeno per generazioni,

Sociologists explain the phenomenon by "the need to distinguish oneself in a uniform world", which has become globalized even as regards fashion that was once original but now reproduces copies of the latest most popular idea. This reaction would be an obvious one in a medium security prison in the States, where prisoners who have to wear uniforms distinguish themselves by tattoos and way-out hair-cuts, beards or moustaches, the only parts of their bodies that can be personalized. But can't we perhaps read the same compelling need on the faces of young people today with their goatees, sideburns and flowing mannerist locks.

If clothes adopt the same materials and styles, it is understandable that the creative impulse should turn to the skin and plastic surgery. So jeans, already described as a "second skin" in the Seventies, become the support-item of clothing *par excellence*: the only one that can be handled and manipulated like a skin and on which the new generations tend to display their creativity. You only have to look around you. Like arms and chests, jeans are tattooed with inscriptions, drawings and symbols. But they are also pierced with studs and rings, like lips, noses, tongues and nipples. And what about those deliberately made and painstakingly stitched up rents? Are they not similar to branding: to that taste for scars that has turned the "wound into a knife-pleat"?

A Universal Second Skin Showing All the Marks of History

On jeans you can find all those incisive marks made on the skin, in a close identification between material and skin.

For the same reason, in a complex world seeking the luxury of simplicity, the extremely classical jeans remain the most natural pass-key; a bit like your legs that take you everywhere. It is not by chance that the latest in denim is stretch jeans, which make an item of clothing that already had a symbiotic relationship with the body even more close-fitting.

If we think of the latest *prêt-à-porter* women's fashion shows, which featured flesh-coloured nylon, it seems that most fashions are reflecting the idea of the "second skin". Jeans have a *raison d'être* in every era that brings together the avantgarde and tradition.

Thus Ugo Volli's conclusions are even more true. He states that this garment "is a universal signifier that adapts to everything, since it has been through all the signifieds". Probably, the person who writes the introduction to the third "Artenergie" exhibition will find new similarities between "his day" and the trousers worn by the gold-diggers and thus support our theory about jeans being "prophetic".

Here, however, we only wish to insist on the idea of "universality". In fact this seems the best keystone to link a "normal" item of clothing to the highest expression of art, and it is backed by Paul Valéry's words "universality is more precious than originality".

Six Alternative Paths

"Mobile continuity" by definition, time seemed to be the most suitable element to give a chronological order, at least by

una mostra sul capo *più in progress* del secolo. Ma il polimorfo universo del jeans si può attraversare con un'infinità di modi. Così, per non imporre al visitatore un solo percorso, in nome della libertà di cui lo stesso indumento celebrato è bandiera, sono stati selezionati sei indirizzi: "uguaglianza", "unisex", "sensualità", "atemporalità" e "blu"; espressioni differenti di una stessa caratteristica del jeans: l'"universalità".
"A ciascuno il suo", come direbbe Pirandello. Basta seguire i colori: al tema di ogni interpretazione corrisponde una tinta riportata sulle opere con uno speciale bollino, in un intersezione concettuale di percorsi "altri".

Uguaglianza

Quando il jeans entrò alla Scala, l'*establishment* gridò allo scandalo, probabilmente per questioni sociali più che estetiche. Quel pubblico abituato a rappresentarsi nel foyer attraverso capi d'alta moda, esclusivi quanto il loro status, doveva aver fiutato – magari inconsciamente – il potere rivoluzionario, poiché livellante, di quelle braghe: una vera sciagura per chi smaniava di mettersi in mostra. Ebbene, non aveva torto quella bella gente. Perché da allora anche "la prima" di Sant'Ambrogio non è stata più come le altre prime. Ma soprattutto il mondo si è realmente uniformato sul modello a "5 tasche". Da Agnelli agli operai, dal Giappone all'America, nessuno ha saputo resistere alla massificazione del jeans. Forse perché proprio da quei pantaloni, tutti uguali, veniva fuori la vera natura di chi li indossava, in un curioso contrappasso che esaltava la personalità, attraverso l'omologazione.

Unisex

È un po' come la storia dell'uovo e della gallina: non si riesce a stabilire se il jeans, primo indumento identico per uomini e donne, abbia fomentato la liberazione sessuale dei giovani fine anni '60 primi '70 o, viceversa, queste generazioni contestatarie abbiano eletto l'indumento più trasversale della storia a capo-simbolo delle loro lotte contro gli schemi borghesi: prima fra tutte, quella contro le differenze sessuali. Fatto sta che il "5 tasche" è il vessillo dell'unisex: l'unico indumento identico per uomo e donna, nella foggia, nei volumi e nelle decorazioni. Nel tempo e con l'avanzata della liberazione sessuale, il jeans avrebbe vestito anche i gay: le lesbiche e i macho che col denim e la pelle nera hanno creato la loro "divisa". Solo le Drag Queen e i Drag King hanno rifiutato il significante del jeans. E qui siamo al punto della questione che, peraltro, introduce anche il prossimo paragrafo sulla sensualità. In un altro contrappasso, l'unisessualità che apparentemente sembrerebbe omologante, in realtà differenzia i sessi, anche se all'insegna della naturalezza massima: esaltando l'espressione di quello che sono, anziché di ciò che vorrebbero sembrare, attraverso i simboli di un abbigliamento codificato. Non a caso le Drag Queen e i Drag King che si esprimono con l'artificio esponenziale del travestimento non usano questo indumento sincero. Per contro, e a riprova della nostra tesi, il capo unisex per eccellenza, che teoricamente dovrebbe "appiatti-

generations, to an exhibition on the garment that has developed most during this century. But the polymorphous universe of jeans can be crossed in an infinite number of ways. Therefore, in order not to force the visitor to follow a single path, in the name of the liberty of which the garment in question is itself a symbol, we have selected six directions: "equality", "unisex", "sensuality", "timelessness", and "blue", all different expressions of the same characteristic of jeans, that is "universality". "To each his own", as Pirandello would have said. Simply follow the colours: each direction is indicated by a colour, shown by a label on the work, in a conceptual intersection of "other" paths.

Equality

When jeans entered the La Scala, the establishment was scandalized, probably for social rather than aesthetic reasons. The Scala audience, accustomed to exclusive haute couture clothes representing social status, must have sensed – perhaps subconsciously – the levelling and therefore revolutionary power of jeans: a real disaster for people desperate to be seen. And they were not wrong. Because first nights have not been the same since. Above all, the world has been levelled by jeans. From Gianni Agnelli to factory workers, no-one was able to resist the appeal of the jeans industry. Perhaps because jeans, despite being all the same, allowed the real character of the wearer to emerge, in a paradoxical process that highlighted personality through standardization.

Unisex

It's a bit like the story of the chicken and the egg: it is impossible to establish whether jeans, the first garment to be the same for men and women, instigated sexual liberation among young people in the late Sixties and early Seventies, or whether that rebellious generation chose the most transversal garment as the symbol of their struggle against bourgeois values, above all the struggle against sexual difference. The fact is that jeans are the banner of unisexuality: the only garment that is identical for men and women, in cut, shape, and decoration. In time, with the progress of sexual liberation, jeans would also become part of homosexual culture: the lesbians and macho gay men who have created a "uniform" out of denim and black leather. Only drag queens and kings have rejected the significance of jeans. And here we come to the point that also introduces the following paragraph on sensuality. In another paradoxical process the unisex nature of jeans, which seems to make everyone the same, actually distinguishes between the sexes, albeit in an extremely natural manner: by exalting the expression of that which they are, rather than of that which they would like to be, through the symbol of codified dress. It is no coincidence that the drag queens and drag kings who express themselves through the artifice of cross-dressing do not use this sincere garment. Our hypothesis is proven by that fact that the ultimate unisex garment, which in theory should "level out", actually "accentuates" the sexual

re", alla resa dei conti "accentua" la carica sessuale di chi lo indossa. Tanto da costituire un eloquente mezzo espressivo della sensualità.

Sensualità

A lei mette in vista l'anatomia dei genitali, a lui enfatizza quello che volgarmente viene definito "pacco": ad ambedue sottolinea le geometrie dei glutei. In jeans si è vestiti ma quasi nudi. Non a caso negli anni '70 si indossavano senza mutande, anche per non frapporre barriere tra il corpo e la vista. Così, come un'odierna e fortunata pubblicità di preservativi recita "se mi ami, mettiti in jeans".
A prescindere dalle manipolazioni mediatiche è indicativo, per esempio, che il "5 tasche" sia diventato l'abito di scena del Rock che comunica rabbia, istinto e sex appeal. Bruce Springsteen, che a ragione può essere considerato la stella più fulgida di questo genere musicale, nella copertina del disco *Born in the USA* fece addirittura ritrarre le sue natiche in primo piano, fasciate solo da un "5 tasche": messaggio emblematico sui contenuti del mito di questo personaggio, basato appunto sulla protesta e la carica erotica. Va da sé che, in questa liberazione dagli abiti e dai simboli del vestire "mettendo a nudo" i corpi, il "5 tasche" sveli anche i difetti, riducendo ogni possibile trucco ed esaltando la naturalezza delle "cose". Il jeans diventa così quell'impetuoso garante dell'autenticità sessuale e sensuale che faceva odiare a Andy Warhol chiunque mettesse i jeans avendo la vita larga.

Atemporalità

Spesso la critica d'arte riesce a datare i quadri, attraverso i capi che indossano i soggetti ritratti. Se in futuro qualcuno dovesse cimentarsi in una simile operazione, un semplice jeans gli sarebbe di scarso aiuto. Come distinguere infatti il "5 tasche" di Marlon Brando, epoca *Fronte del Porto*, da quello di un giovane d'oggi? Certamente gli accessori rivelerebbero subito i tempi in cui è esistito. Basterebbe una cintura. Ma col "5 tasche" si potrebbe fare ben poco. Anche perché, la diffusa abitudine a riciclarlo e comprarlo all'usato confonderebbe ulteriormente le idee. Ce n'è abbastanza per dire che il jeans infrange il tempo che insieme allo spazio forma gli assi lungo i quali corre la storia?

Blu

Secondo Vasilij Kandinskij, uno dei pittori che maggiormente ha studiato la teoria delle forme del nostro secolo, "il blu rappresenta un allontanamento dall'uomo che allo stesso tempo è un movimento unicamente diretto verso il suo centro e che pure attira l'uomo verso l'infinito". In queste tre righe c'è la sintesi di tutti i discorsi e le teorie esposte fin qui: motivazione più che sufficiente a giustificare come un colore sia diventato l'inseparabile prefisso dell'universale jeans. Ma se non bastasse ecco il pensiero dello scrittore Ernst Junger: "il blu è la tinta dei luoghi estremi e dei grandi ultimi che sono chiusi alla vita". L'elenco di citazioni potrebbe continuare. Ma è interessante sot-

charge of the wearer. So much so that it constitutes an eloquent means to express sensuality.

Sensuality

Worn by women they highlight the anatomy of the genitals; worn by men they emphasize what is commonly known as the "packet"; and worn by women or men alike they underline the shape of the bum. In jeans we are clothed but almost naked. It is no coincidence that in the Seventies people wore jeans without underwear, partly in order not to place a barrier between the body and the view. Thus, as a recent condom commercial suggests, "If you love me, wear jeans".
Leaving aside media exploitation, it is significant for example that jeans have become the chosen stage costume of rock music that conveys "blood, sweat and tears". Bruce Springsteen, rightly considered the leading star of this branch of rock, even used a close-up of his jeans-clad backside for the cover of the album *Born in the USA*: a symbolic message of the nature of the legend of the singer, based mainly on political protest and sex appeal.
It goes without saying that in this liberation from clothes and from the symbols of dress, by leaving bodies "naked" jeans also accentuate imperfections, making it impossible to resort to cosmetic tricks and highlighting the naturalness of "things". Jeans thus become that merciless guarantee of sexual and sensual authenticity that made Andy Warhol hate flabby people wearing jeans.

Timelessness

Art critics are often able to date paintings by means of the clothes worn by the subjects portrayed. If people try to do the same thing in the future, jeans alone will be of little help. How can you distinguish between the jeans worn by Marlon Brando in *On the Waterfront* and a pair of jeans worn by a young man today? The accessories would help, of course. You would only have to look at the belts. But the jeans alone wouldn't be enough. Partly because the fashion for worn-out and second-hand jeans would confuse matters even more. Could we not conclude that jeans break time, which together with space forms the lines along which history moves?

Blue

According to Kandinski, one of the 20th-century painters who has studied the theory of forms in most depth, "blue represents a distancing from man which at the same time is a movement uniquely directed towards his centre and which also draws man towards the infinite". These lines are a synthesis of everything we have said so far: a motivation which is more than enough to explain why a colour has become the inseparable prefix of jeans. However, if it were not enough, we could add the comments of the writer Ernst Junger: "Blue is the colour of extreme places and of the great last ones who are closed to life". The list of quotations could go on. But it is interesting to underline how the illustrious sum of similar thoughts and words

tolineare come l'illustre somma di pensieri e parole analoghe abbia consentito a Ugo Volli, nel volume *Jeans* edito da Lupetti & Co., di sostenere con forza "l'idea di un asse culturale comune che mette insieme valori diversi come libertà e lontananza, trasparenza e purezza, nobiltà e concretezza: qualcosa che è più pieno e colorato del nero, che si frappone alla forza squillante del rosso e del giallo e all'aspetto organico, corruttibile e impuro degli ocra e delle terre": in un termine secco, il blu. Che manco farlo apposta, è il colore di questi anni anche per l'arredamento. Casualità o matematica conferma dell'eternità del blu jeans?

Universalità

Per tutto questo, e per chissà quante altre valenze ancora, il jeans è universale: adesso è qui e probabilmente ci sarà fino a data da destinarsi, devono solo arrivare i tempi, a prescindere dalle barriere etniche, geografiche, culturali e ideologiche.

has allowed Ugo Volli, in the book *Jeans* (published by Lupetti & Co.), to state forcefully "the idea of a common cultural line that brings together different values such as liberty and distance, transparency and purity, nobility and concreteness: something that is fuller and more colourful than black, that opposes the bright force of red or yellow and the organic, corruptible and impure nature of ochre and earth colours": in a word, blue. Which, lo and behold, is also the colour of contemporary interior design. A coincidence or a scientific confirmation of the eternity of blue jeans?

Universality

For all these and who knows how many other reasons, jeans are universal. They are here now and are probably around to stay. We only have to wait and see, beyond ethnic, geographical, cultural and ideological barriers.

Opere / Works

ART CLUB 2000

È un gruppo di sei persone formatosi nel 1992/It's a group of six people made up in 1992:
Will Rollins è nato a/was born in Berkeley (USA) nel/in 1972; Craig Wadlin è nato a/was born in Baltimora nel/in 1972; Shannon Pultz è nata a/was born in Pittsburgh (USA) nel/in 1971; Daniel McDonald è nato a/was born in Los Angeles nel/in 1971; Gillian Aratani è nata a/was born in/Paradise (USA) nel/in 1971; Petterson Beckwith è nato a/was born in Pittsburgh (USA) nel/in 1972.

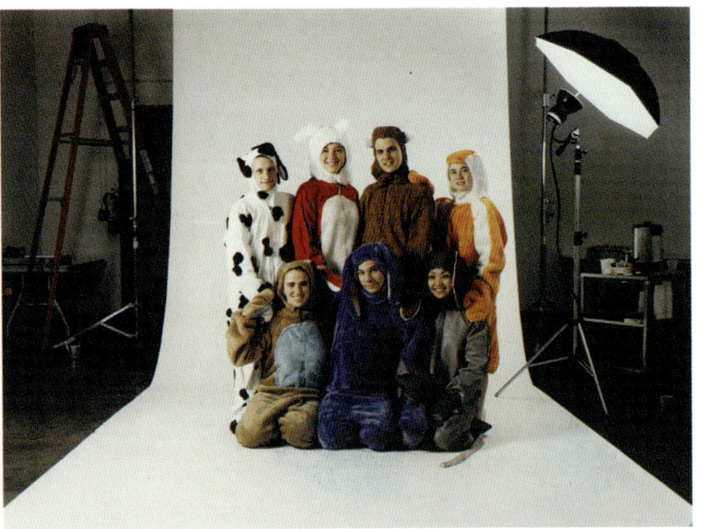

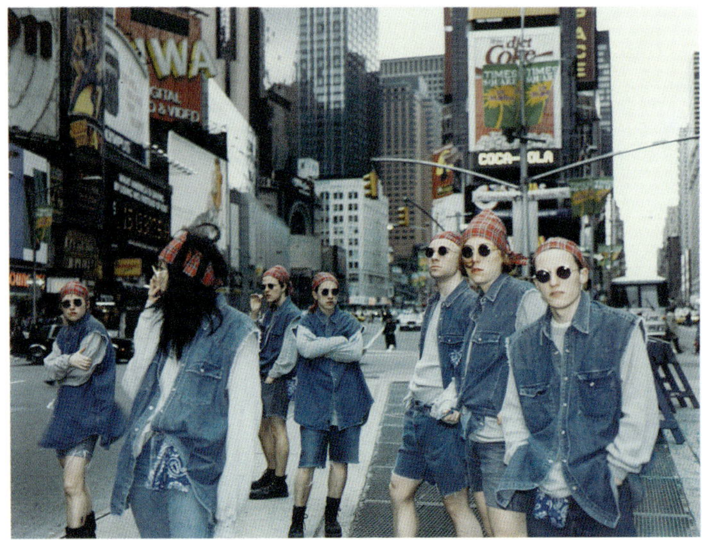

Untitled (Industria Superstudios 1), 1992-93

Untitled (Times Square/Gap Grunge 1), 1992-93

Untitled (Paramount Hotel/Gap Grunge), 1992-93

Untitled (Tavern on the Green 2), 1992-93

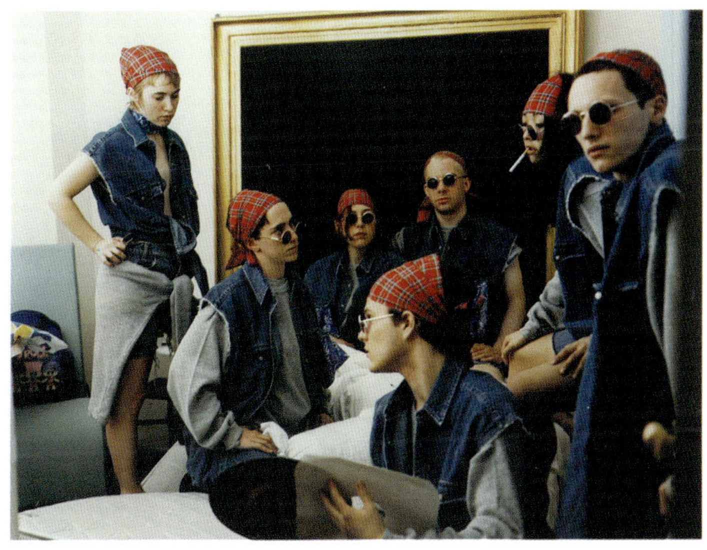

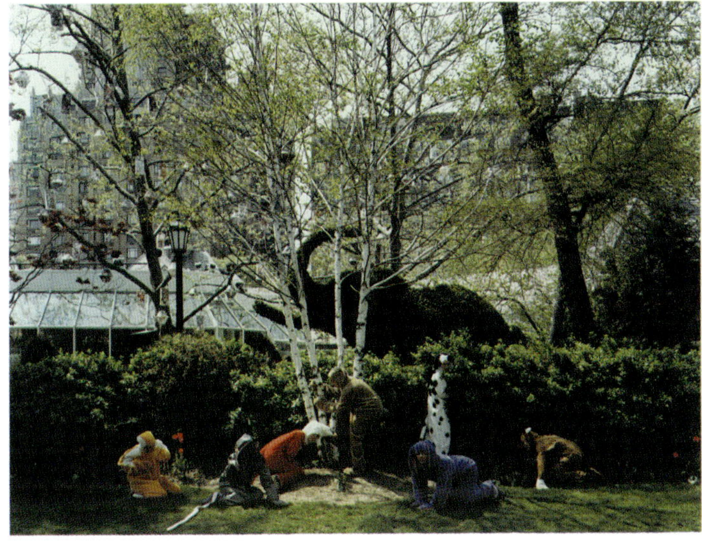

Solomon AVITAL

Nato a/He was born in Yerushalayim (Yisra'el) nel/in 1958.
Vive e lavora a/He lives and works in New York.

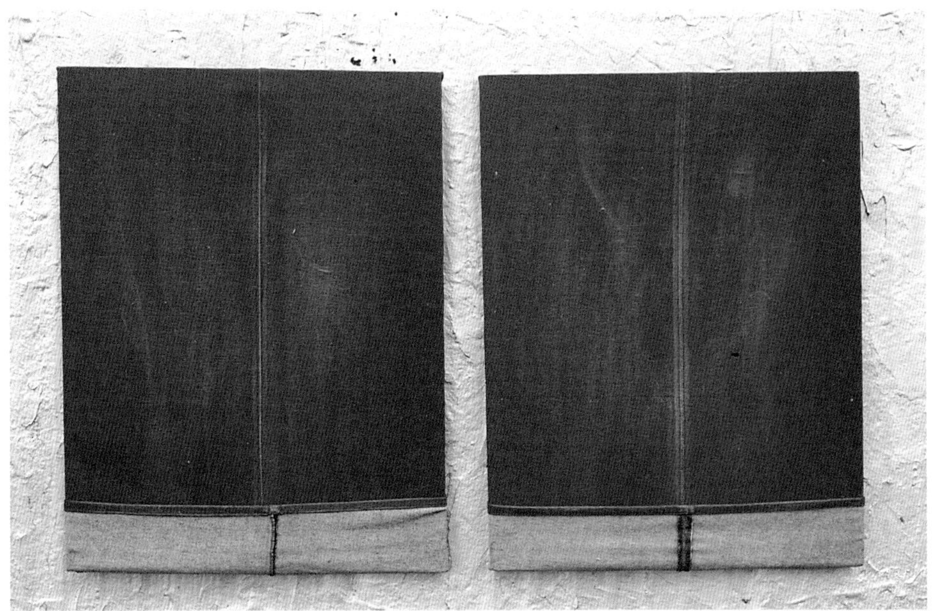

One Pair of Jeans, 1997

From the series: Human Denim Nothing, 1997

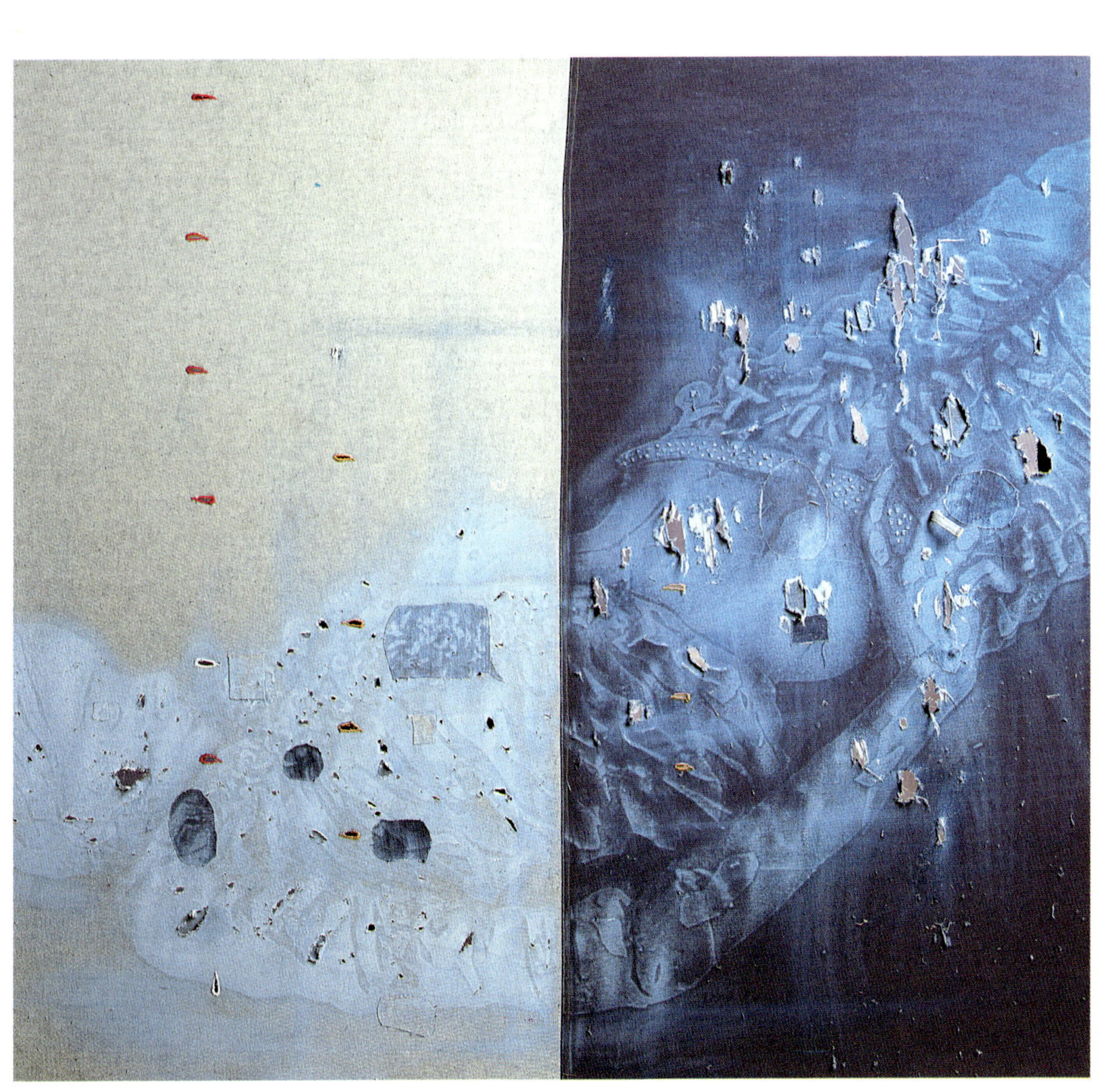

BALLETTI & MERCANDELLI

Alberto Balletti è nato a/was born in Treviso nel 1968.
Marco Mercandelli è nato a/was born in Brescia nel 1965.
Vivono e lavorano a/They live and work in Brescia.

Senza Titolo, 1997

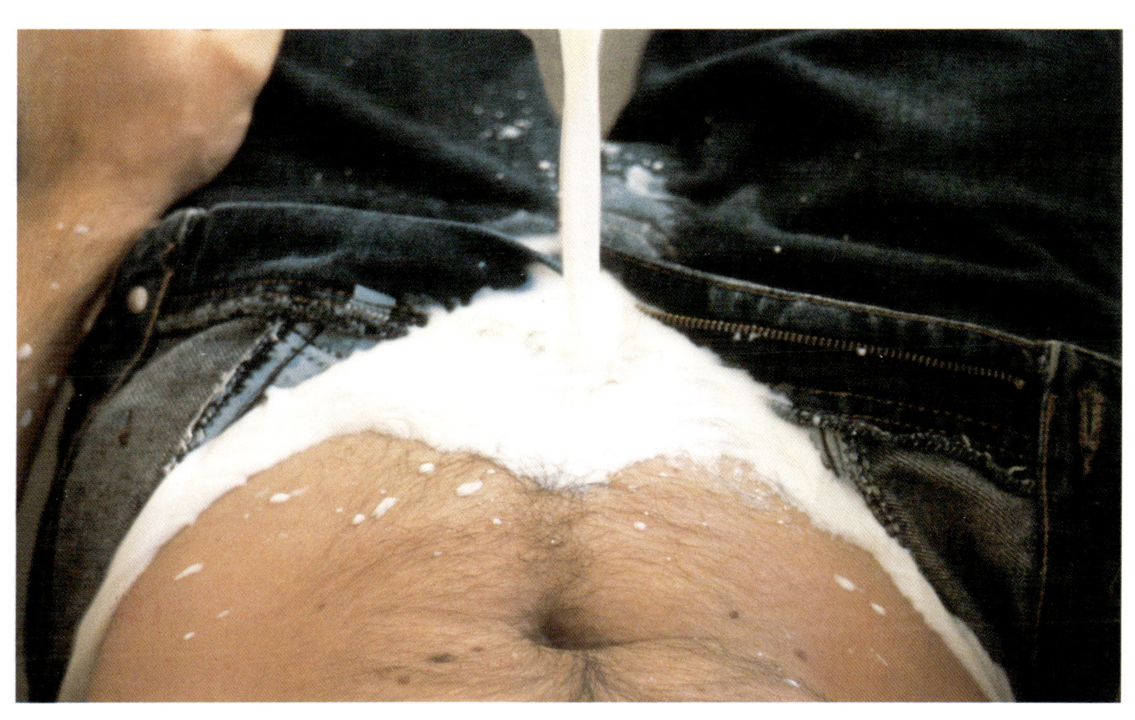

Matthew BARNEY

Nato a/He was born in San Francisco nel 1967.
Vive e lavora a/He lives and works in New York.

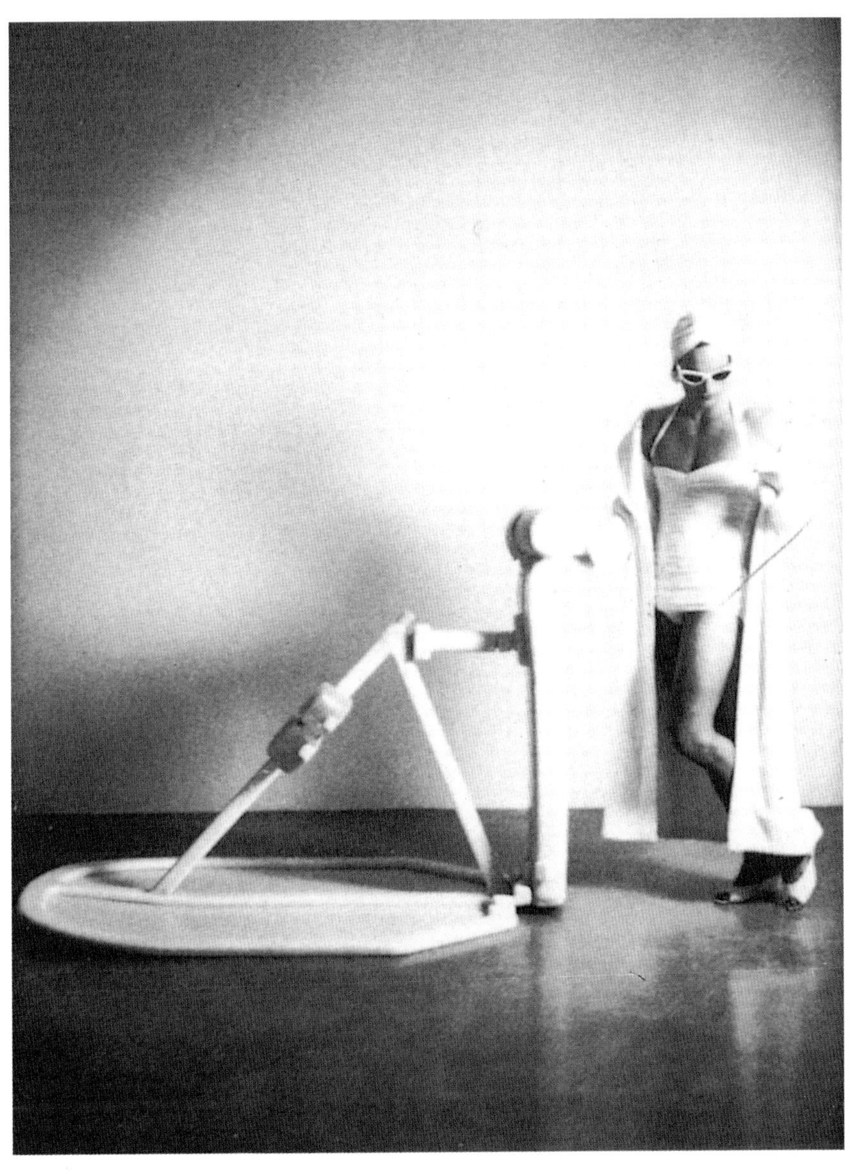

Ford BECKMAN

Nato a/He was born in Columbus (USA) nel/in 1972.
Vive e lavora a/He lives and works in New York.

Clown with Hat with Real and White Balls on Blue, 1994

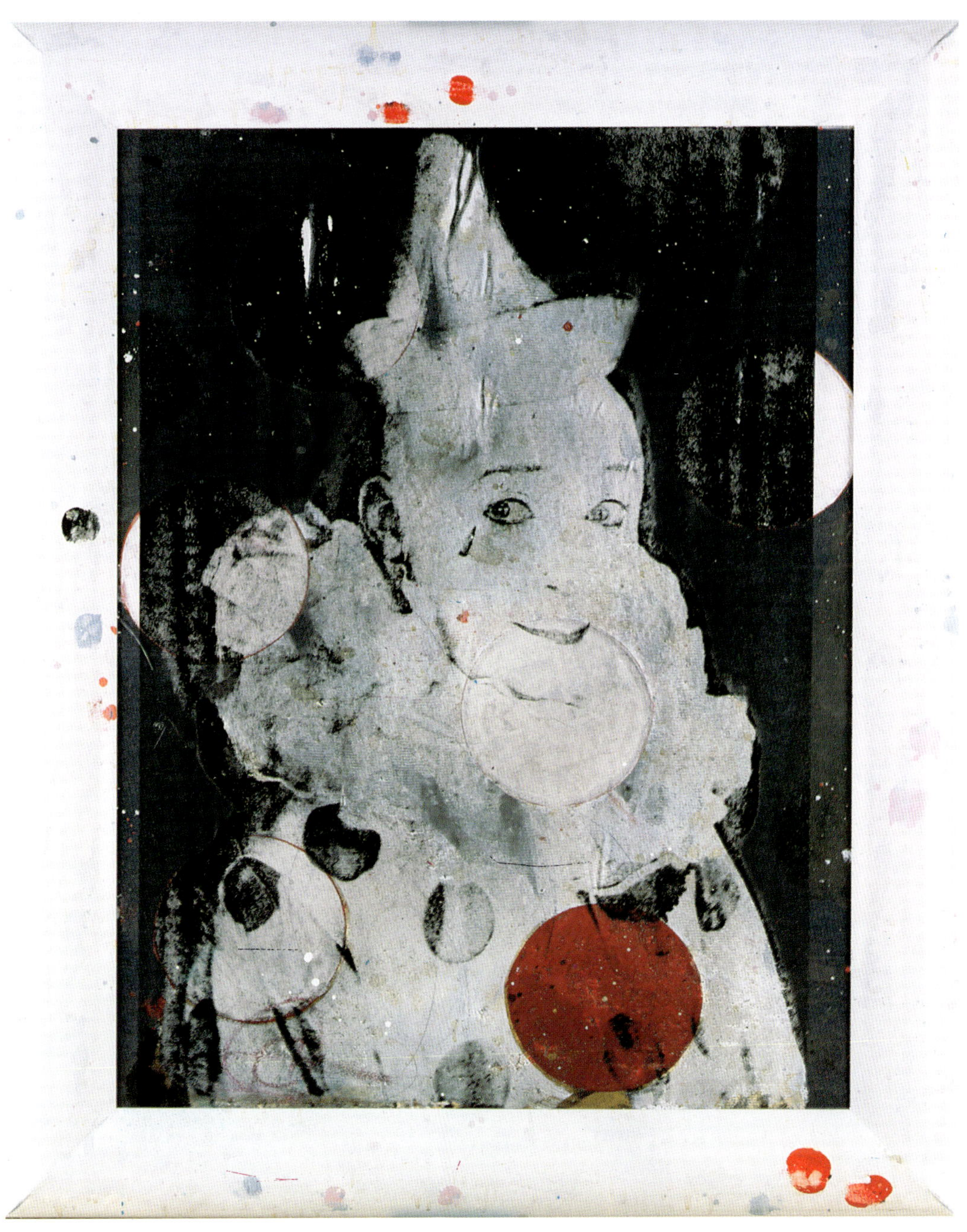

Ross BLECKNER

Nato a/He was born in New York nel/in 1949.
Vive e lavora a/He lives and works in New York.

Senza Titolo, 1996

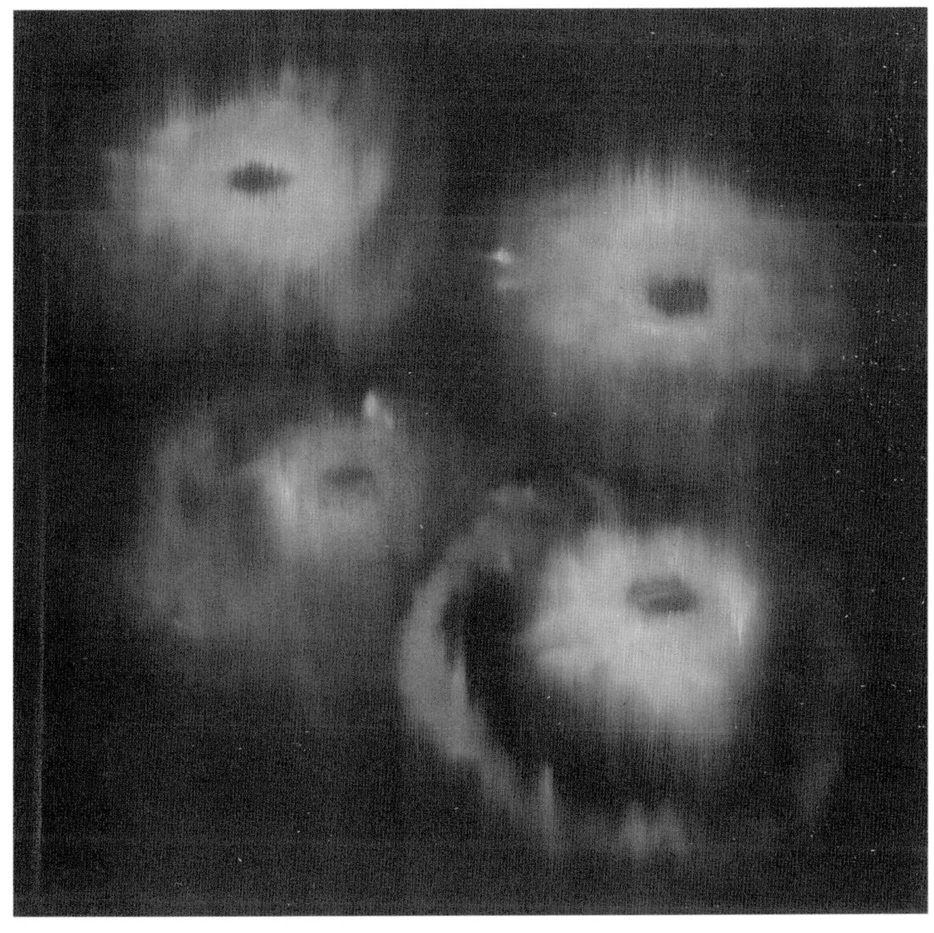

Alighiero BOETTI

Nato a/He was born in Torino nel/in 1940.
Morto a/He died in Roma nel/in 1994.

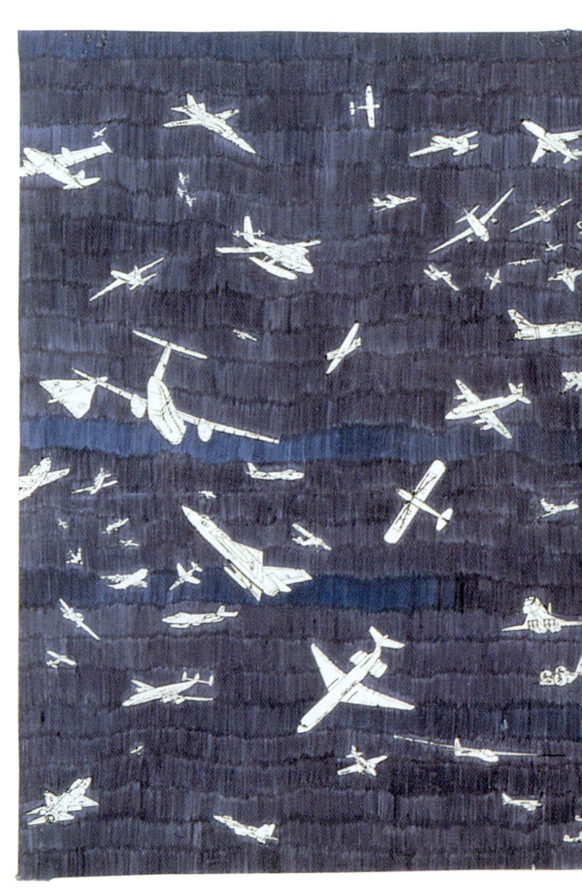

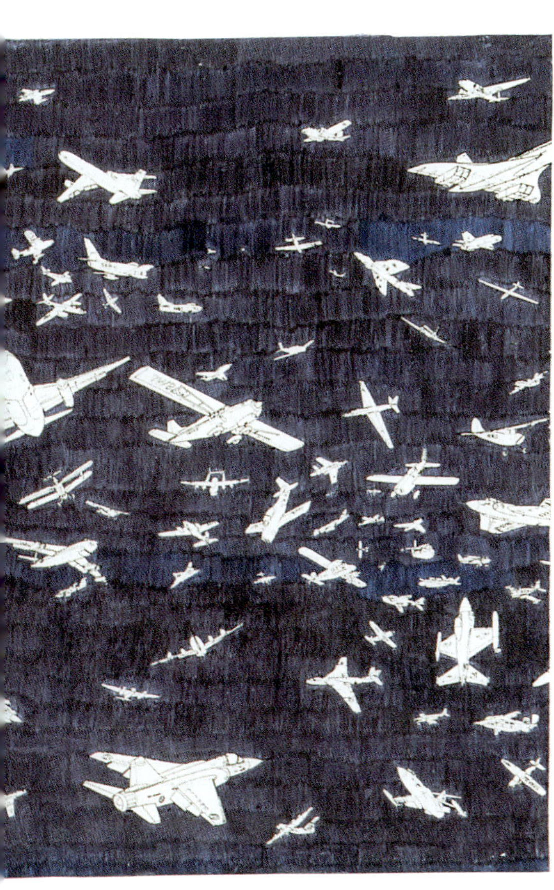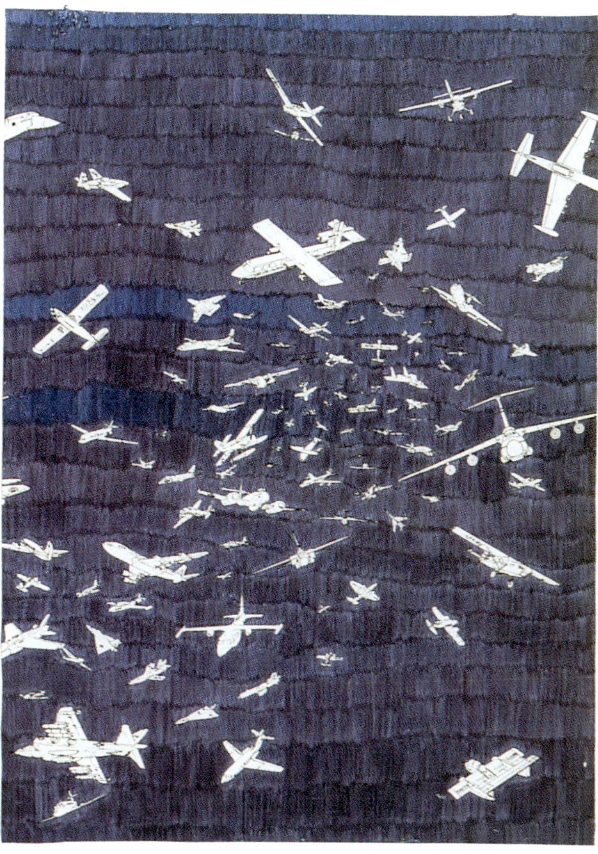

Enrica BORGHI

Nata a/She was born in Premosello (No) nel/in 1966.
Vive e lavora a/She lives and works in Milano.

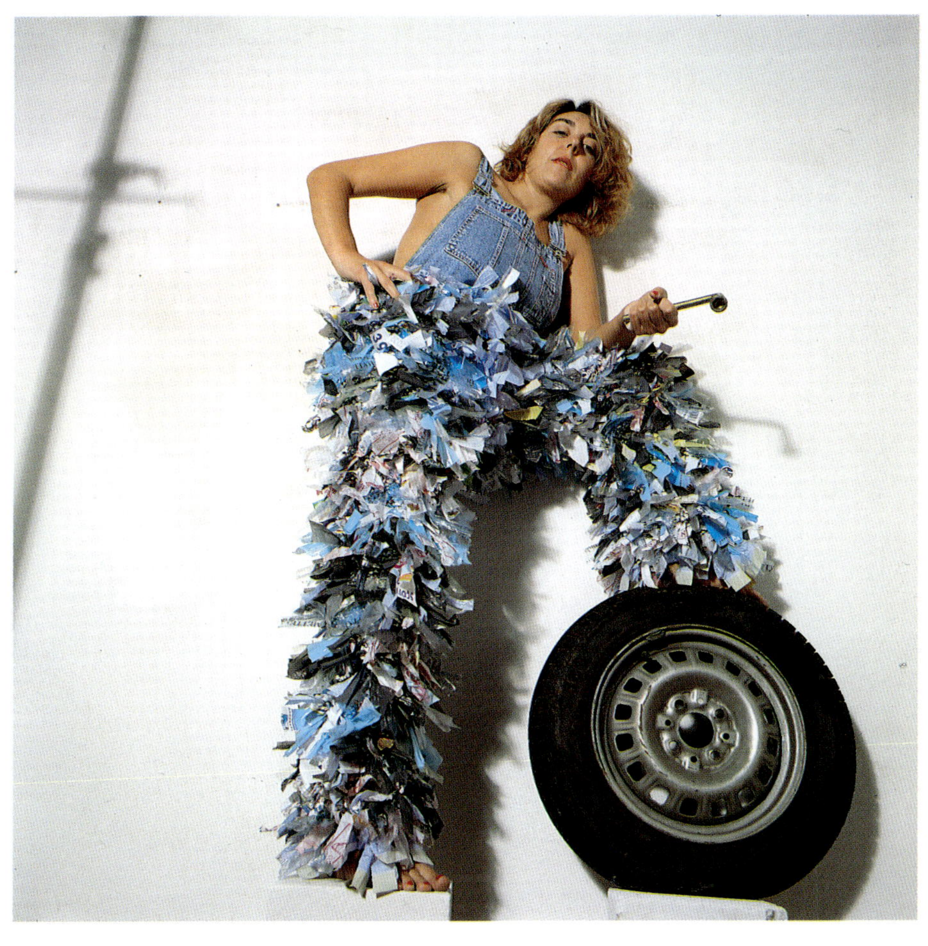

Monica CAROCCI

Nata a/She was born in Roma nel/in 1966.
Vive e lavora a/She lives and works in Torino.

Senza Titolo, 1997

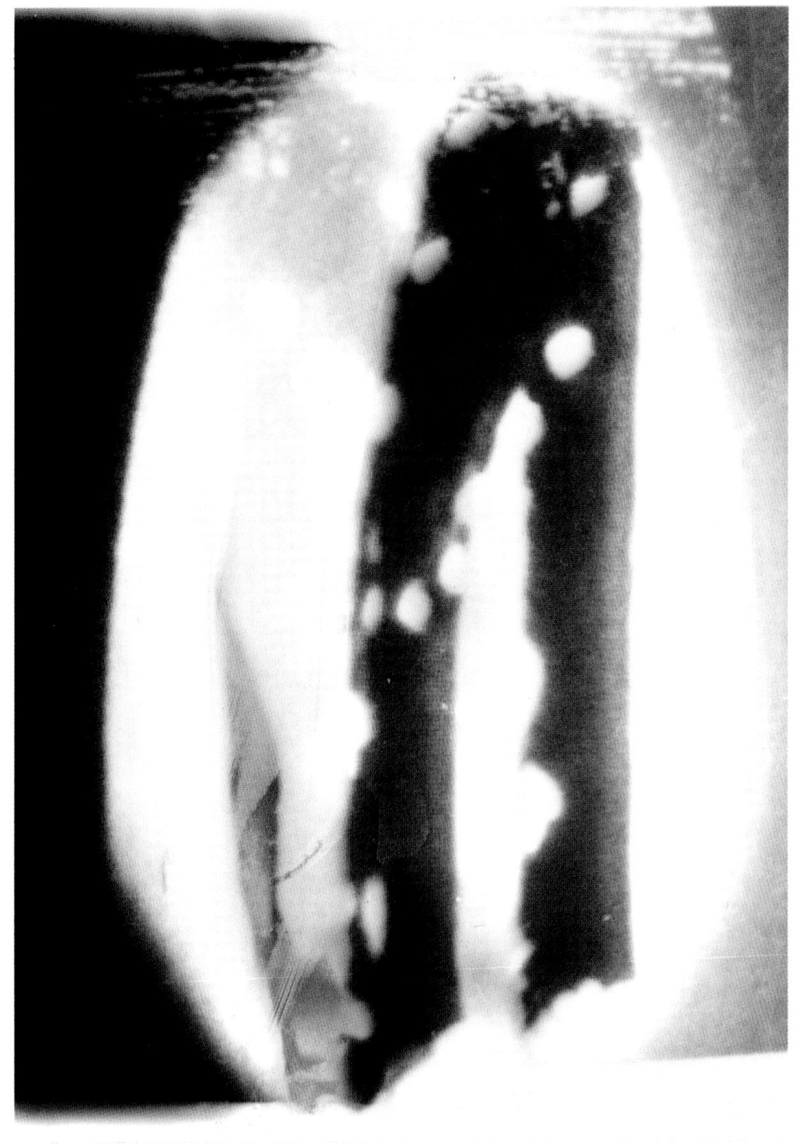

Dinos & Jake CHAPMAN

Dinos Chapman è nato a/was born in London nel/in 1962.
Jake Chapman è nato a/was born in London nel/in 1966.
Vivono e lavorano a/They live and work in London.

Chromosexual, 1997

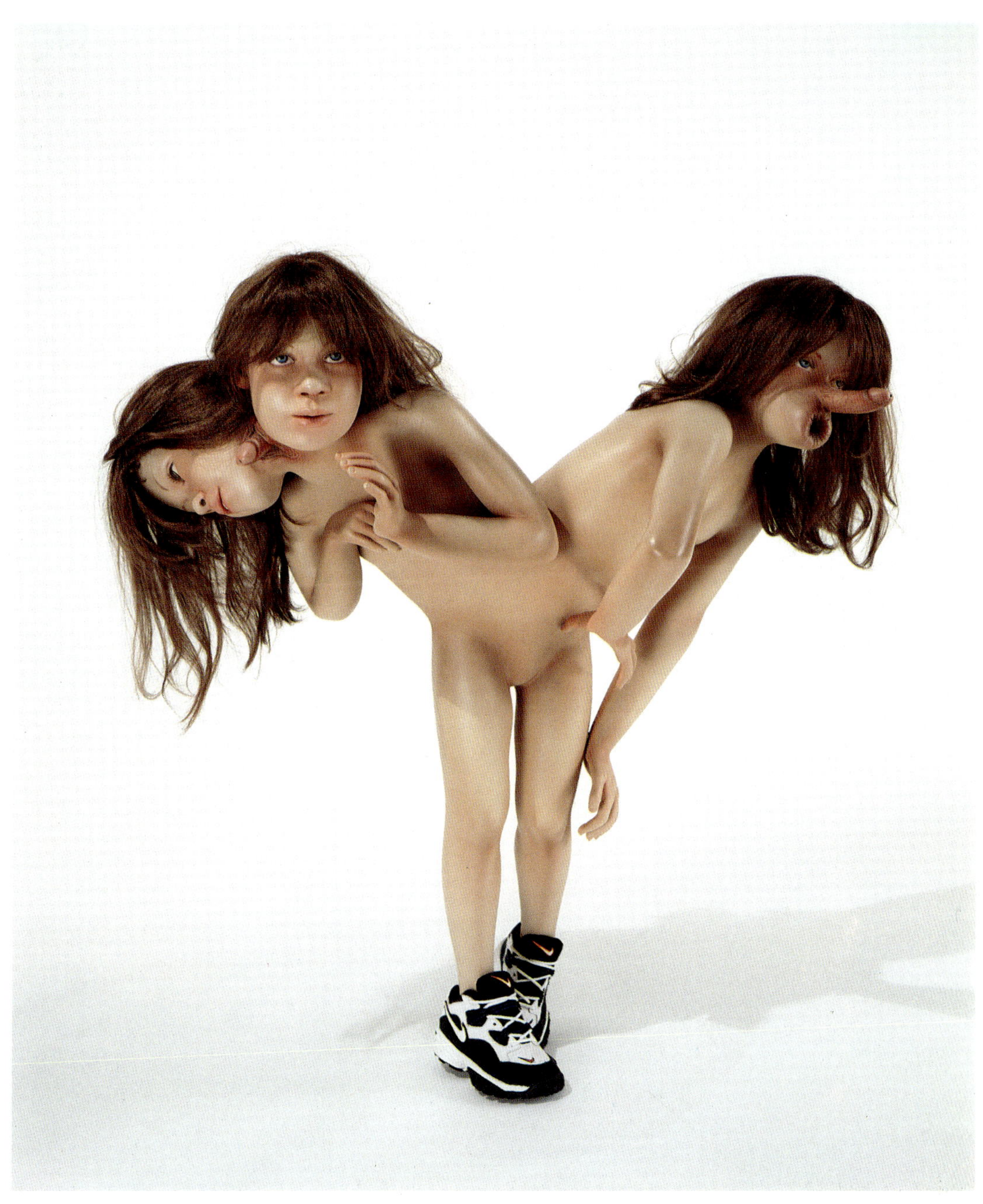

Sandro CHIA

Nato a/He was born in Firenze nel/in 1949.
Vive e lavora tra/He lives and works
between Montalcino (Si) e/and New York.

L'Energia, 1994

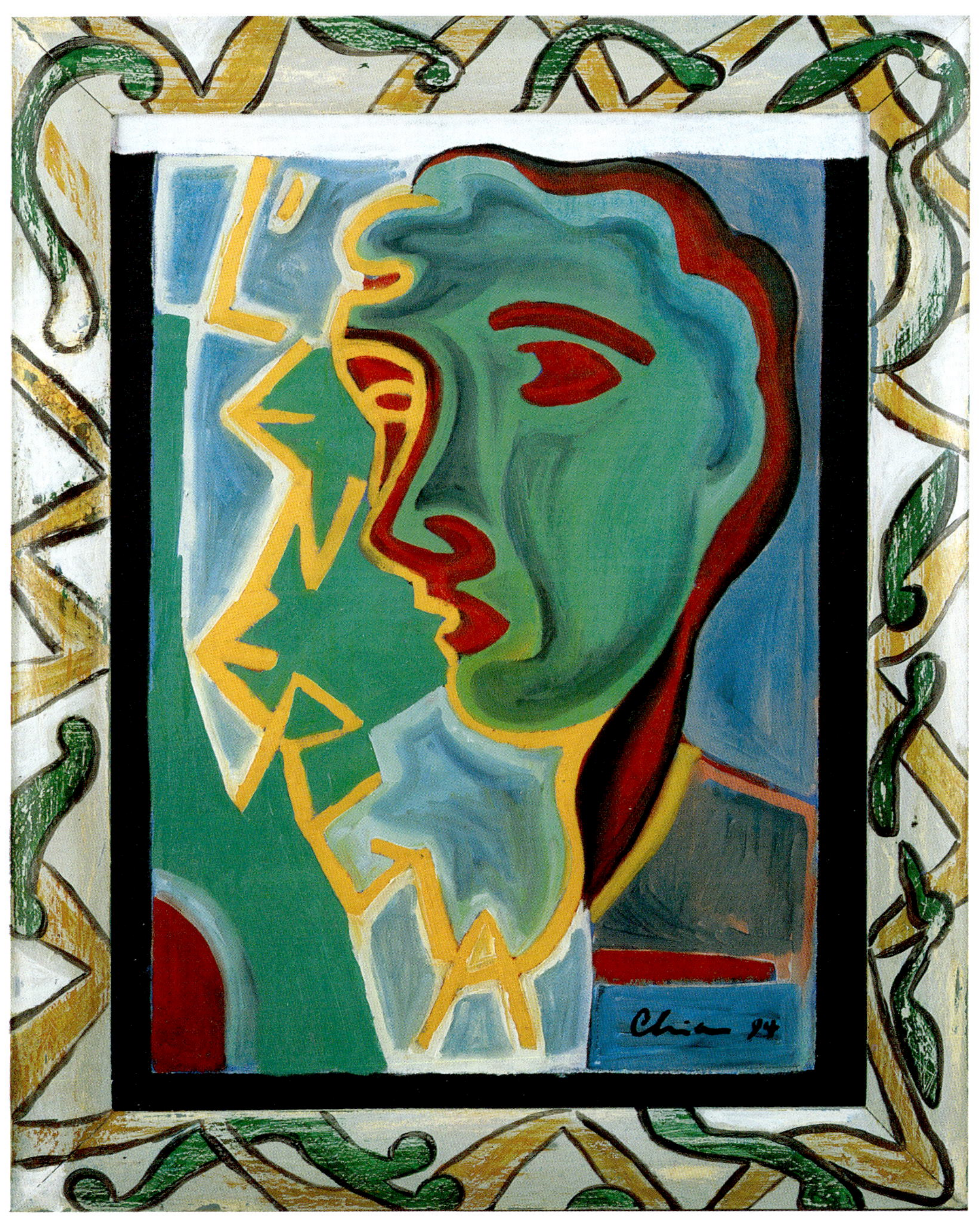

L'S
EN
ER
NA
Chia 94

Giovanna DI COSTA

Nata a/She was born in Gallarate (Va) nel/in 1967.
Vive e lavora a/She lives and works in Cardano al Campo (Va).

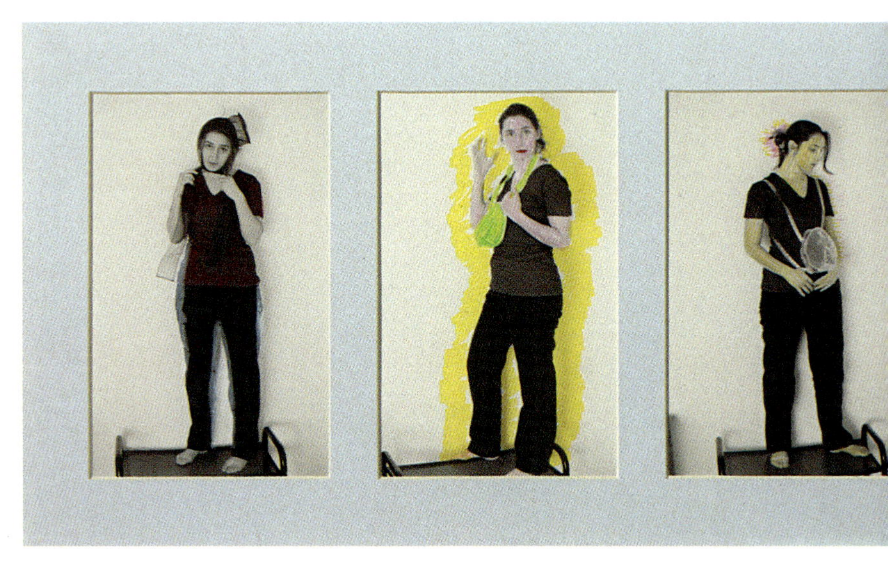

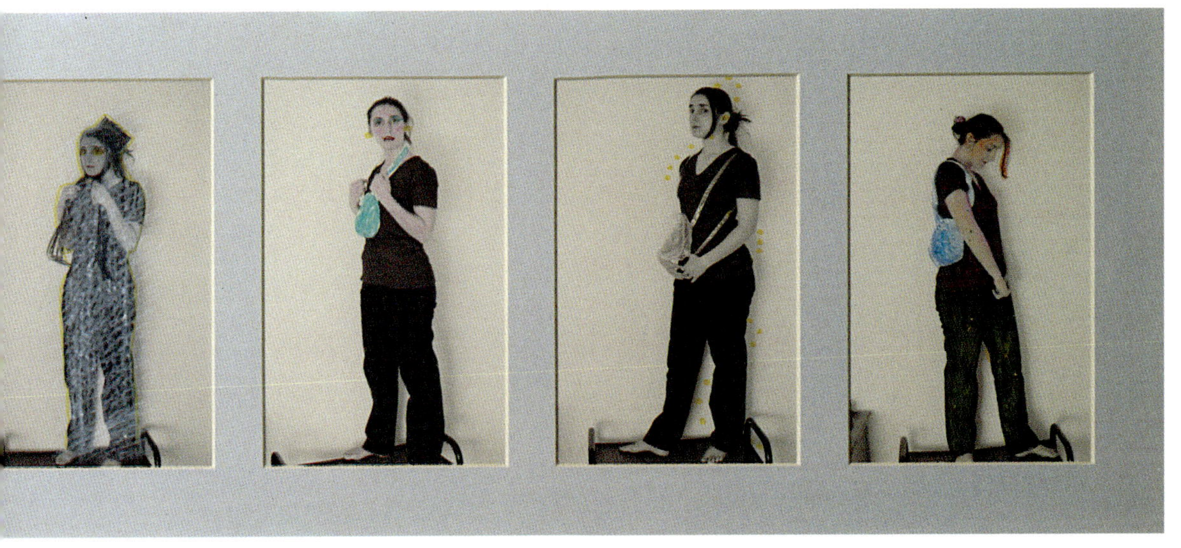

Silvie FLEURY

Nata a/She was born in Genève nel/in 1961.
Vive e lavora a/She lives and works in Genève.

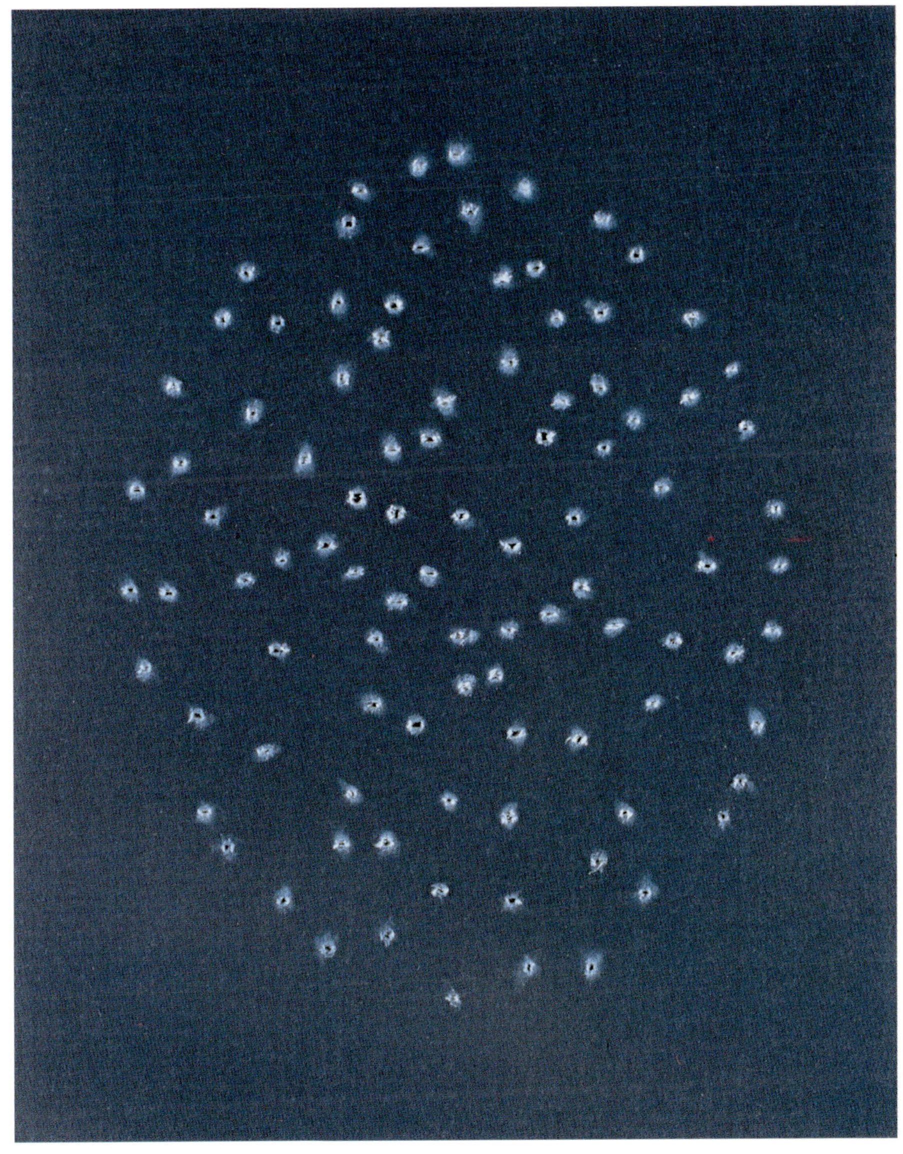

Daniele GALLIANO

Nato a/He was born in Torino nel/in 1961.
Vive e lavora a/He lives and works in Torino.

Senza Titolo, 1993

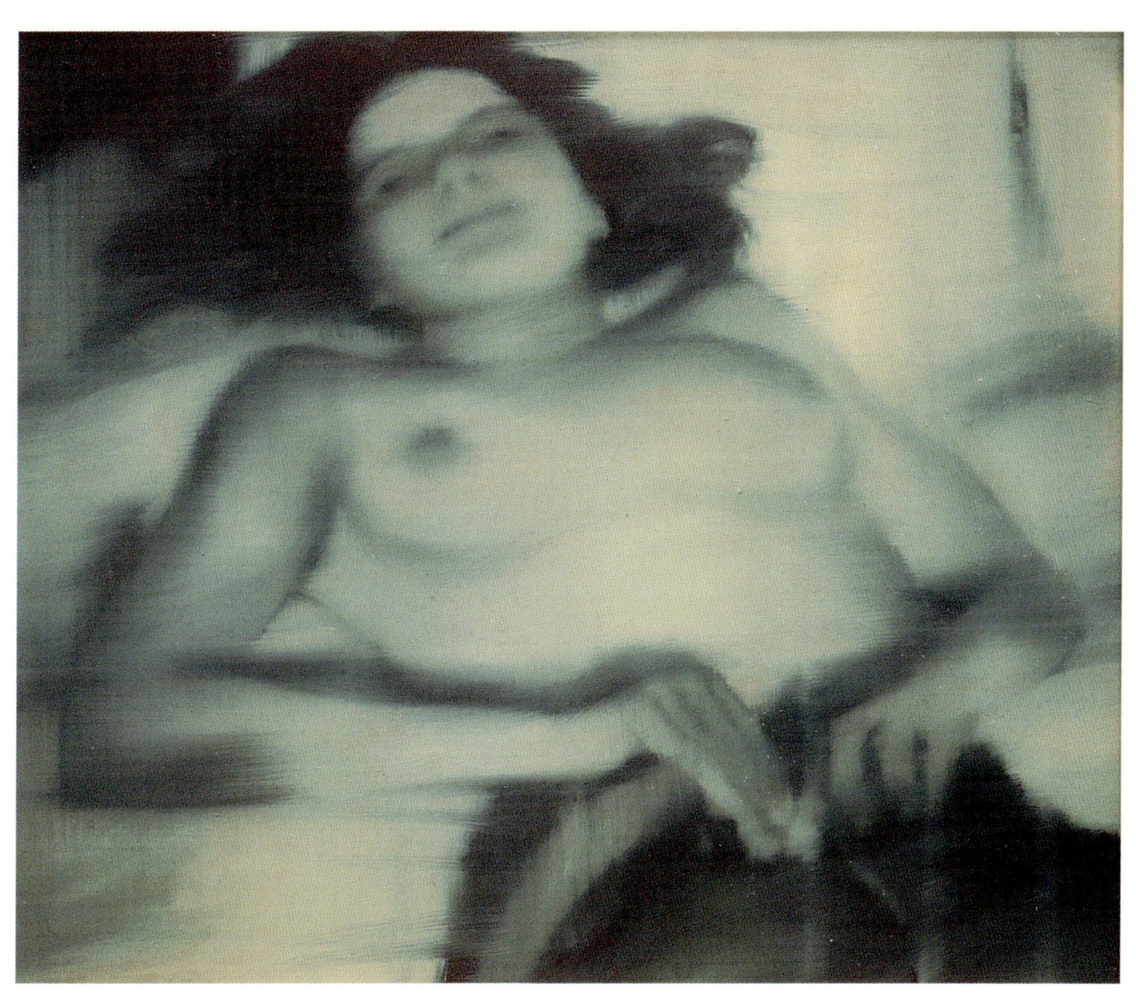

GILBERT & GEORGE

Gilbert è nato nelle/was born in Dolomiti nel/in 1943.
George è nato nel/was born in Devon (Great Britain) nel/in 1942.
Vivono e lavorano a/They live and work in London.

Mix, 1992

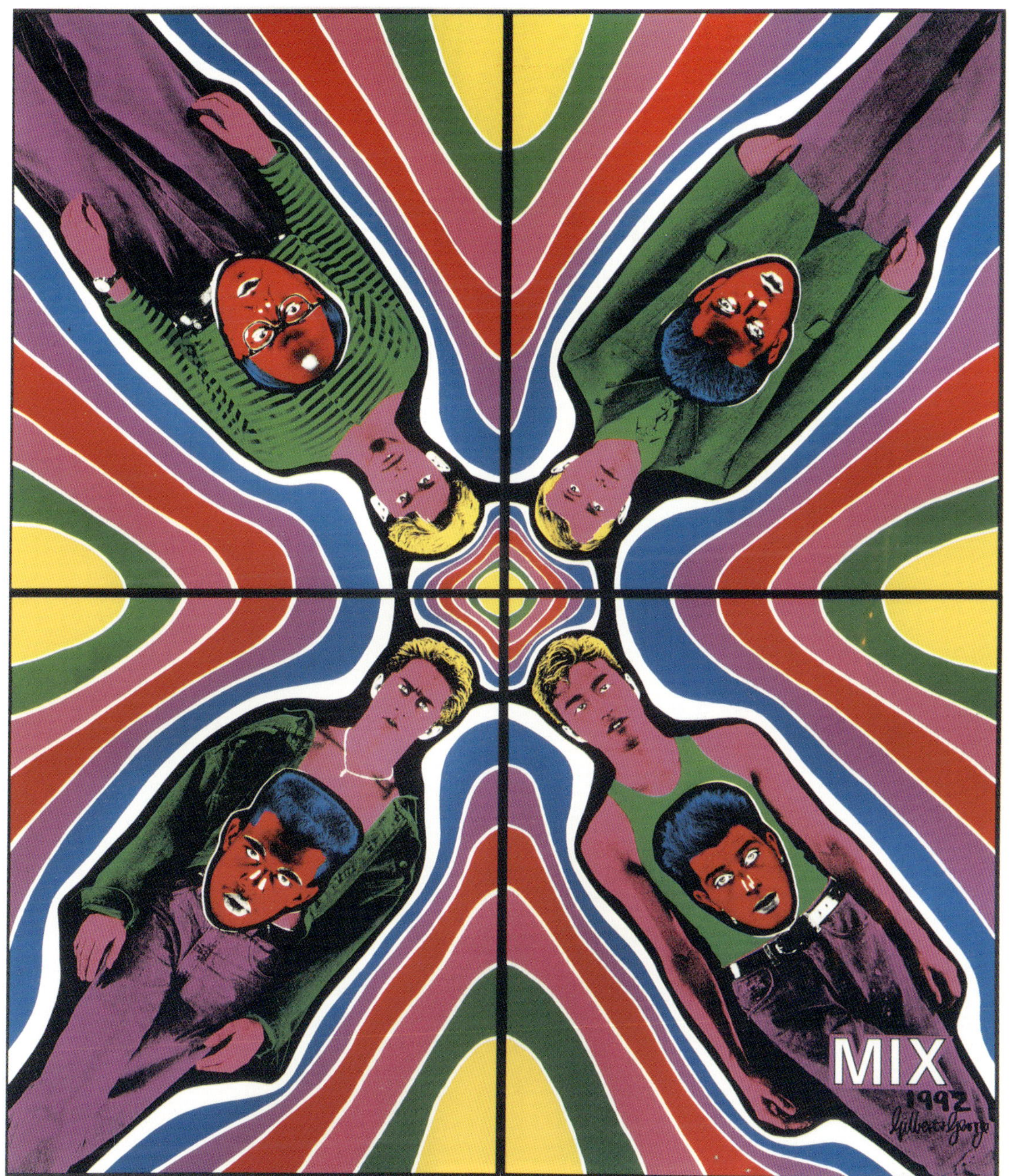

MIX
1992
Gilbert & George

GLIGOROV

Nato a/He was born in Kriva Palanka (Makedonija) nel/in 1959.
Vive e lavora tra/He lives and works between Milano e/and New York.

Performance, 1997

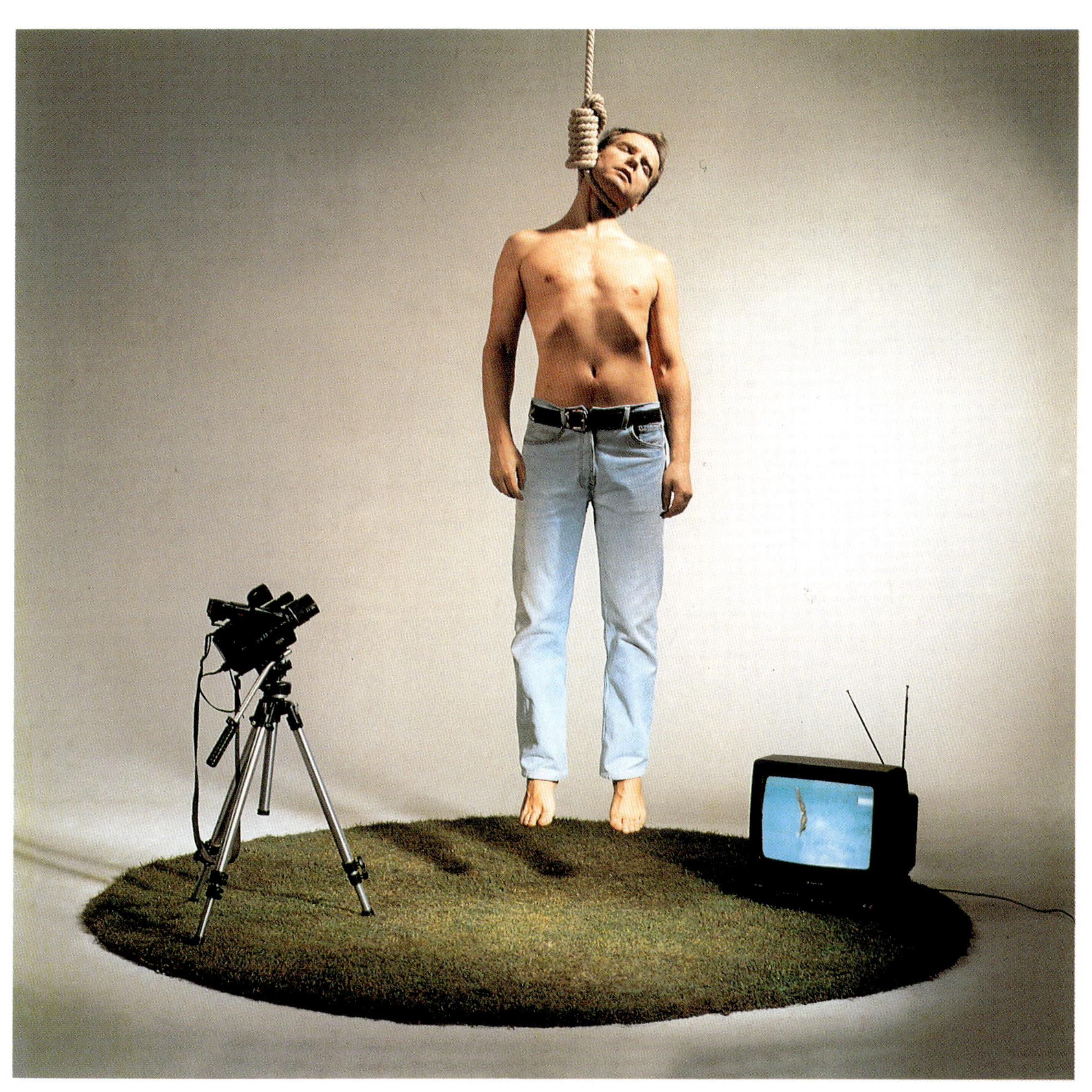

Nan GOLDIN

Nata a/She was born in Washington (USA) nel/in 1953.
Vive e lavora a/She lives and works in New York.

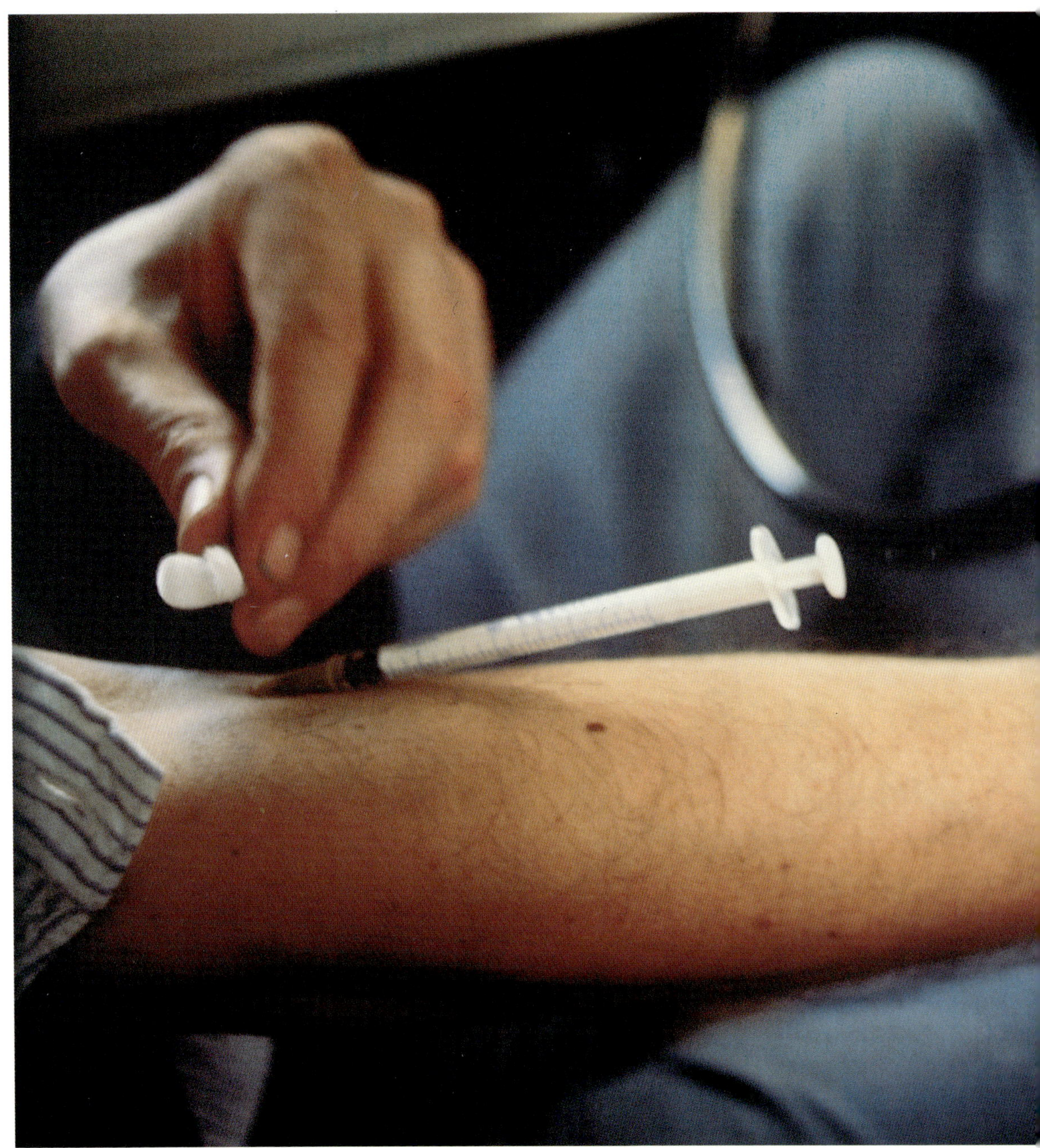

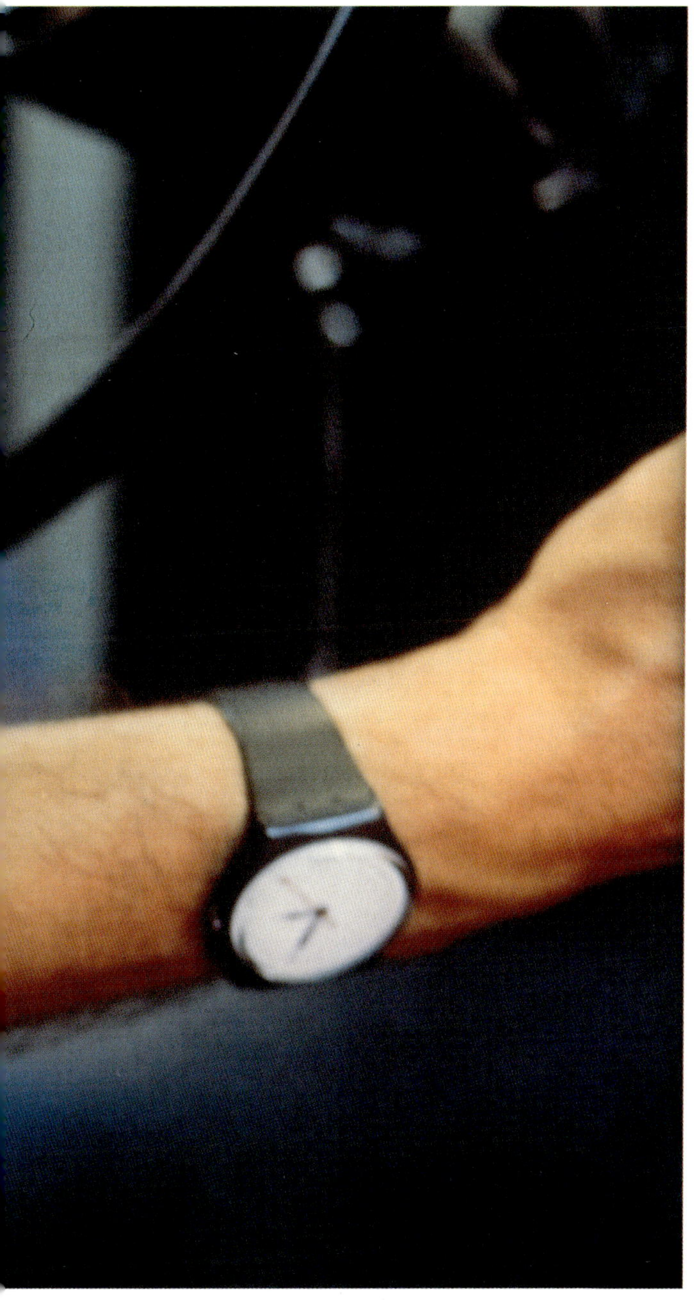

Richard HAMILTON

Nato a/He was born in London nel/in 1922.
Vive e lavora a/He lives and works London.

Kent State, 1970

Kent State, 1970

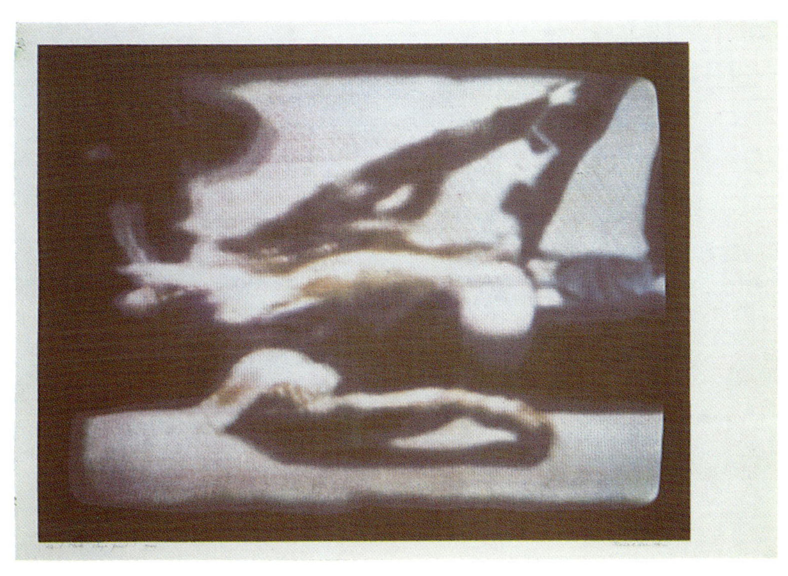

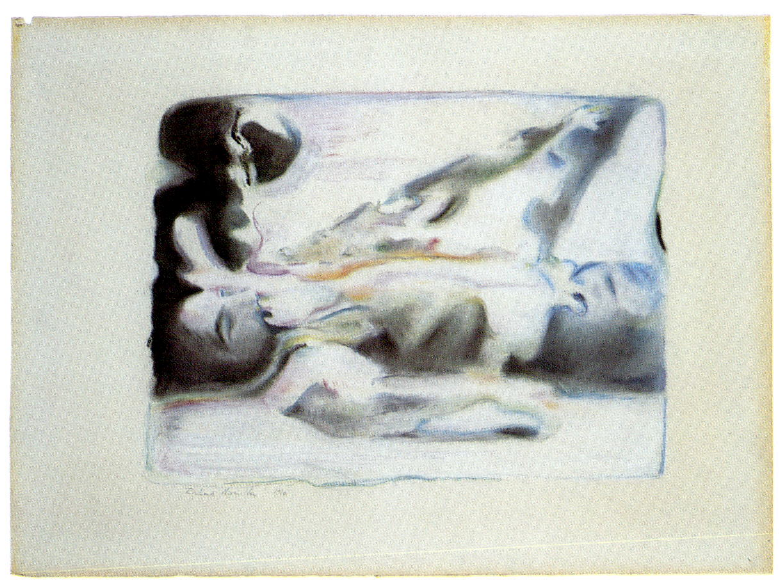

Carl HOPGOOD

Nato a/He was born in Cardiff (Great Britain) nel/in 1972.
Vive e lavora a/He lives and works in London.

Sleeping Figure, 1994

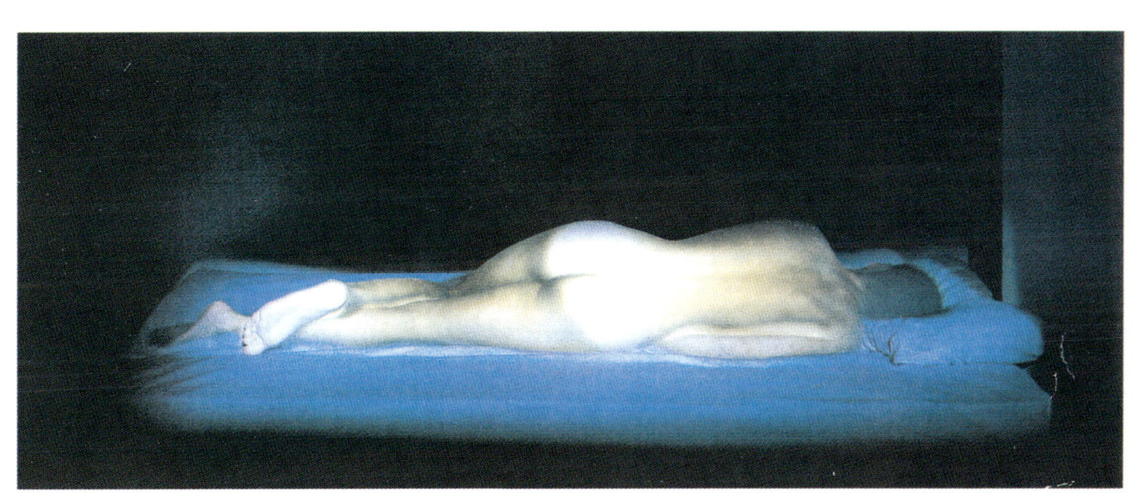

Paulina HUMERES

Nata a/She was born in Santiago (Chile) nel/in 1954.
Vive e lavora a/She lives and works in Roma.

Adamo ed Eva, 1997

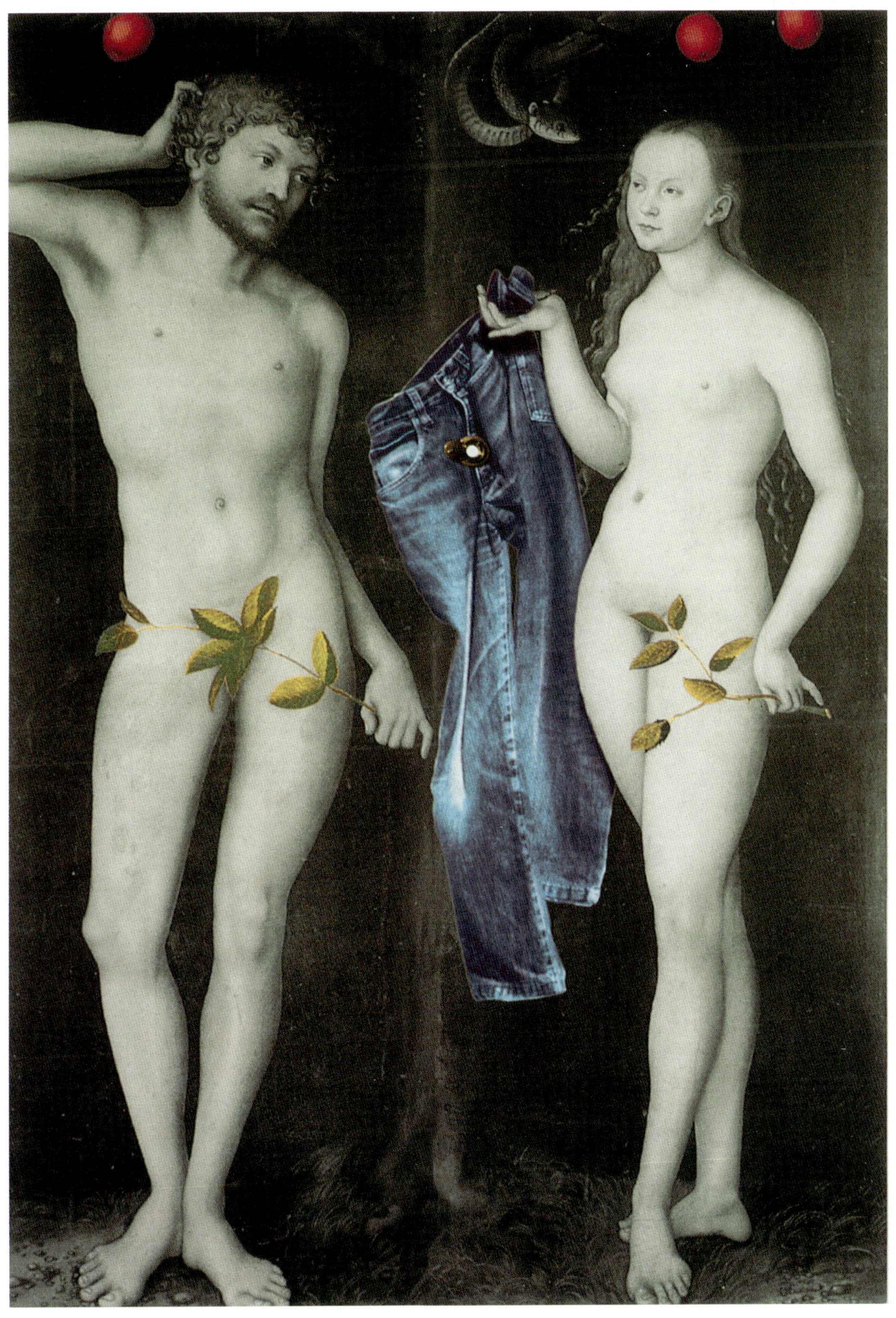

Fabrice LANGLADE

Nato a/He was born in Reims (France) nel/in 1964.
Vive e lavora a/He lives and works in Paris.

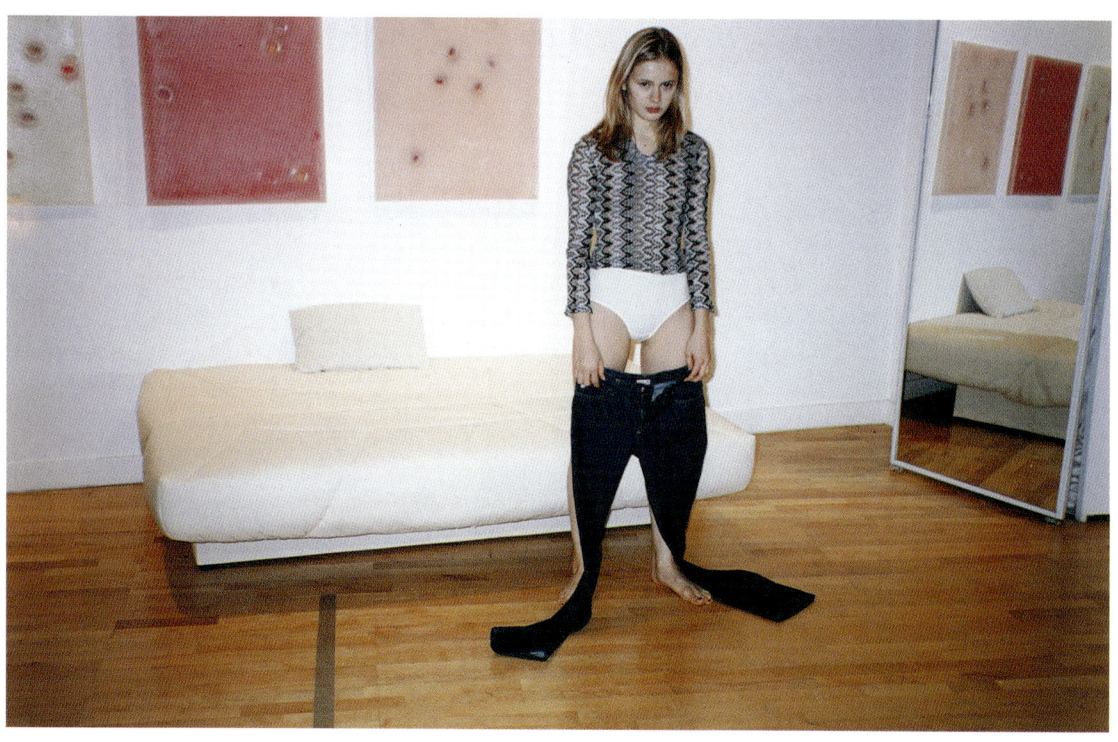

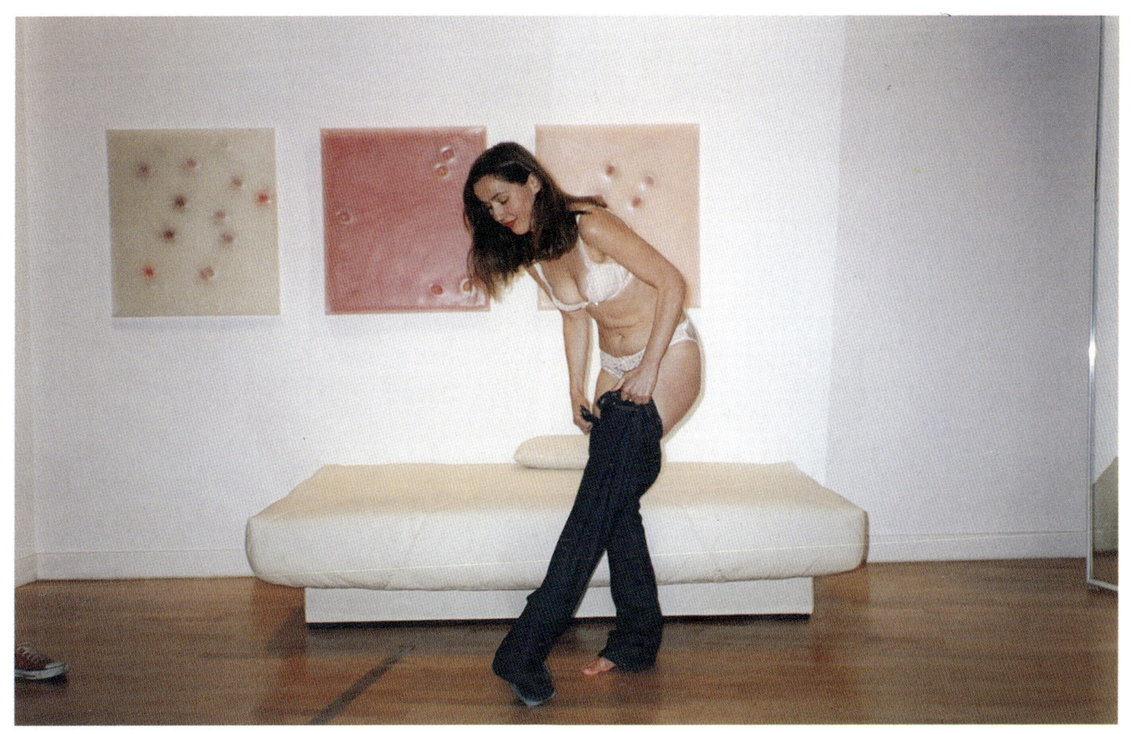

Myriam LAPLANTE

Nata a/She was born in Chittagong (Bangladesh) nel/in 1954.
Vive e lavora a/She lives and works in Roma e/and Assisi.

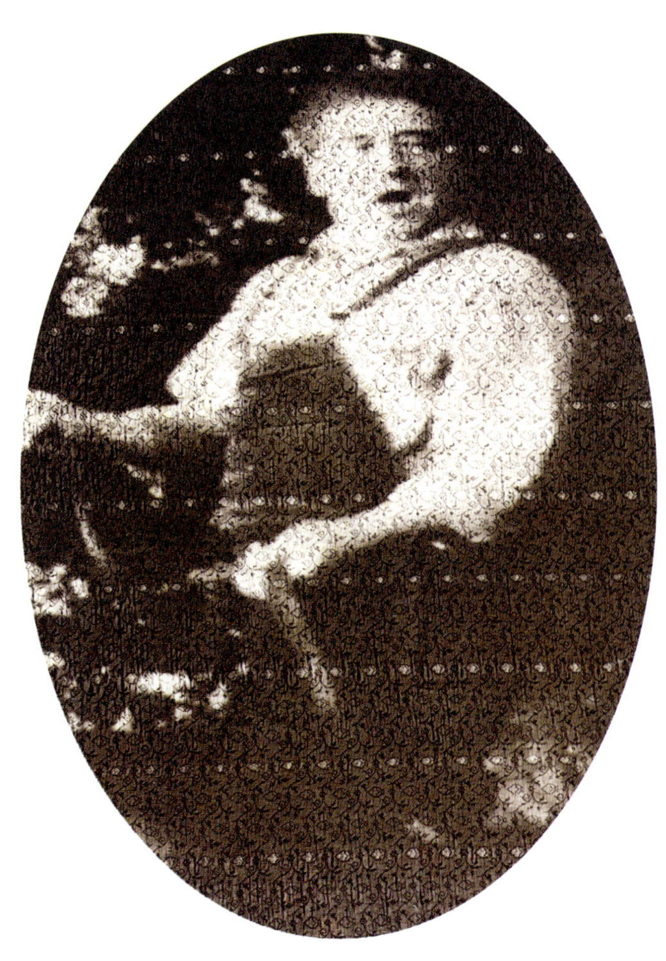

Senza Titolo, 1997

Senza Titolo, 1997

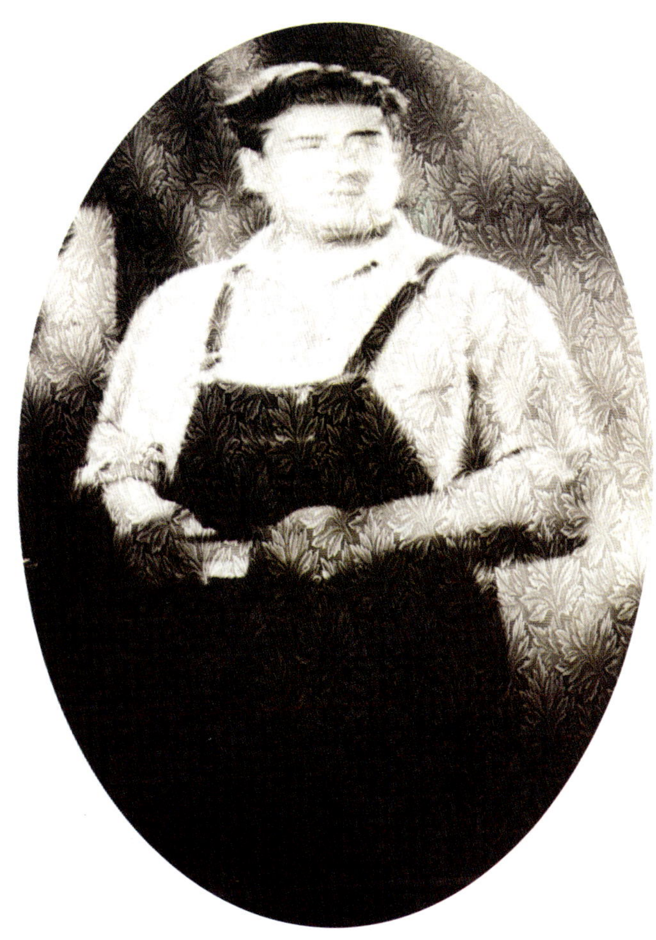

Roy LICHTENSTEIN

Nato a/He was born in New York nel/in 1923.
Morto a/He died in New York nel/in 1997.

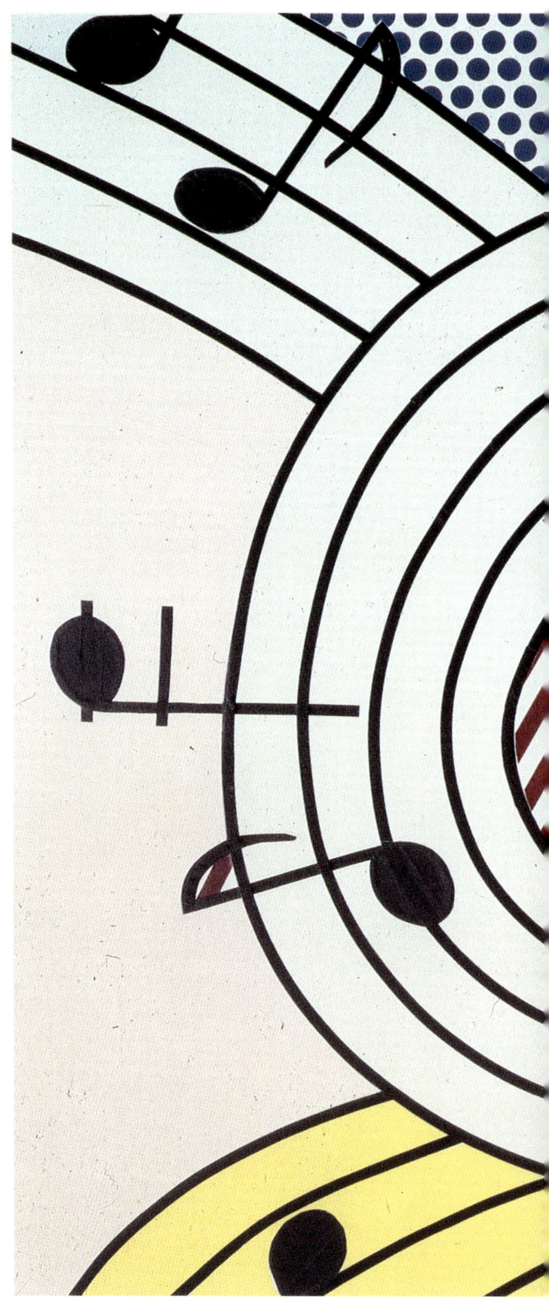

Composition II, 1994

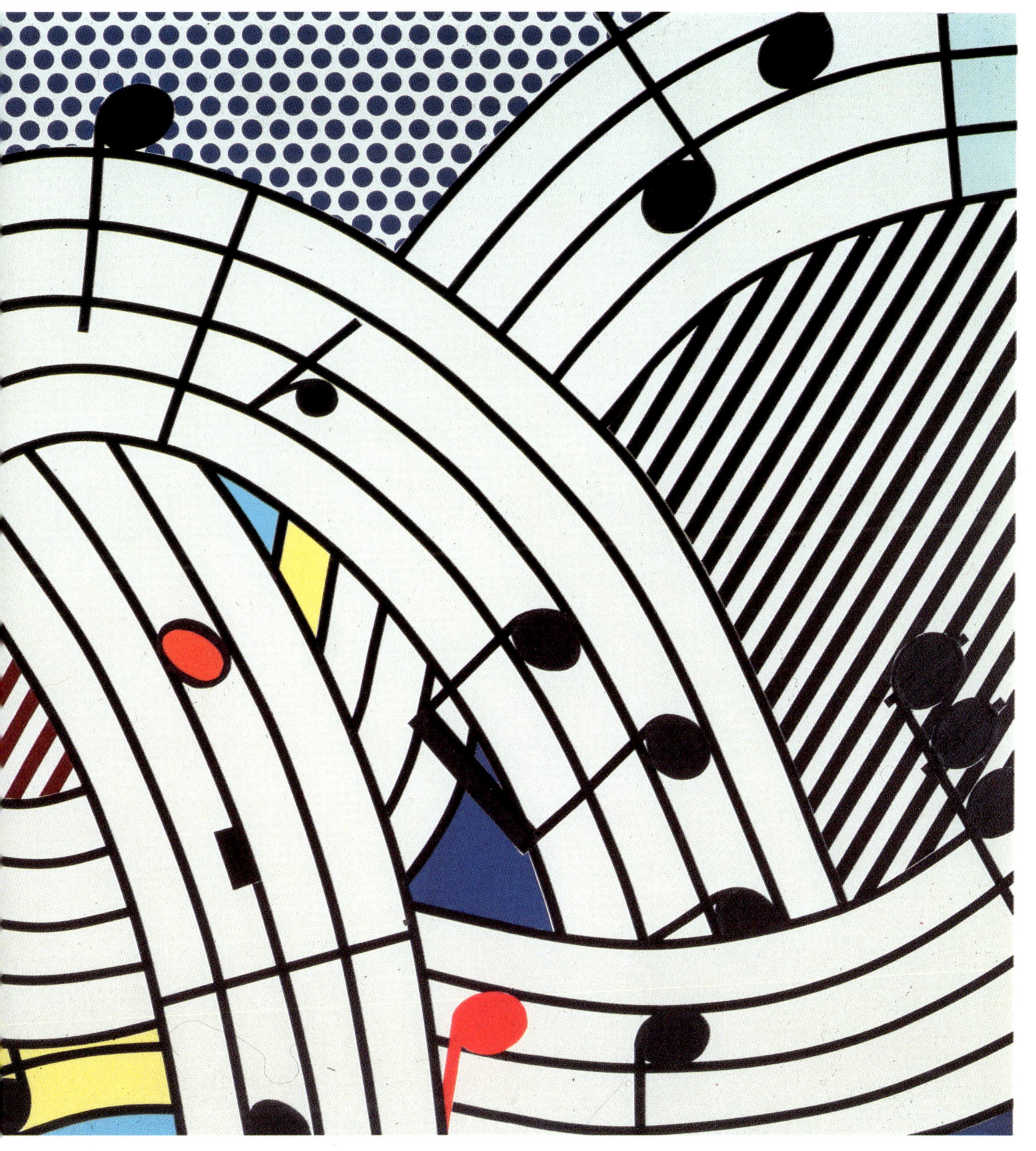

Philip LORCA DI CORCIA

Nato a/He was born in Hartford (USA) nel/in 1953.
Vive e lavora a/He lives and works in New York.

Joe Whitman, 24 years old, Los Angeles, California, $25, 1990-92

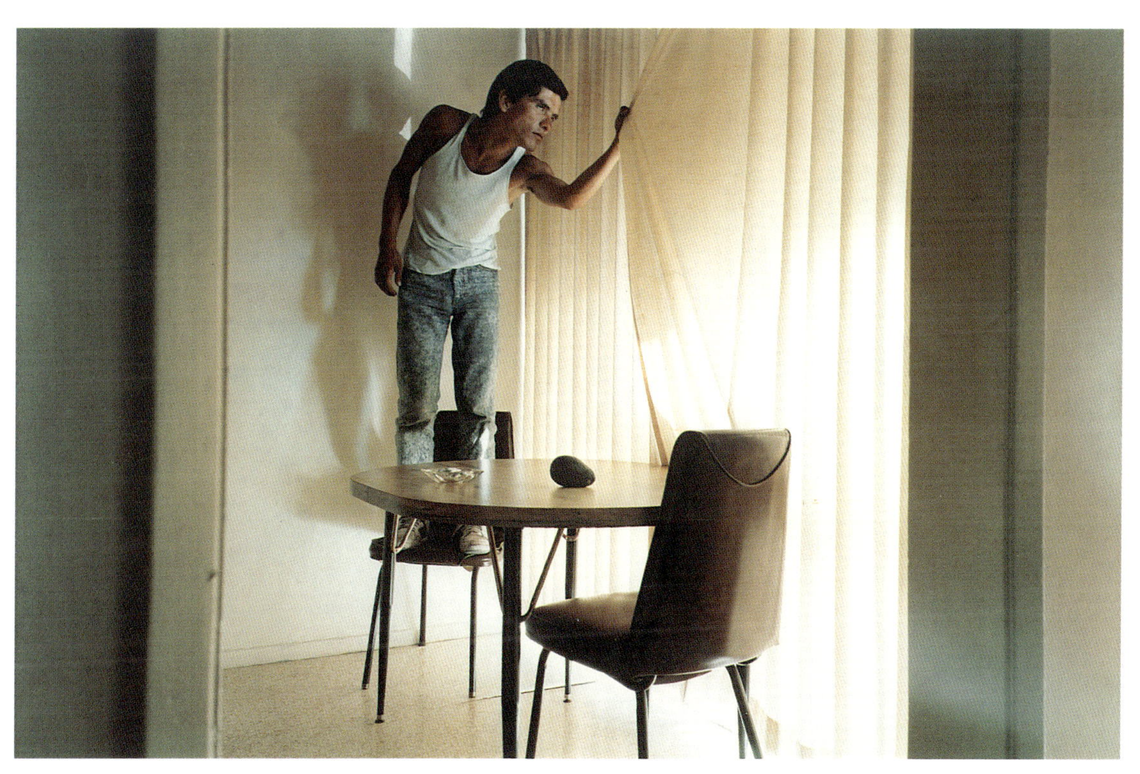

Marcos LUTYENS
e Joseph SANTARROMANA

Marcos Lutyens è nato a/was born in Los Angeles nel/in 1964.
Joseph Santarromana è nato a/was born in Los Angeles nel/in 1958.
Vivono e lavorano a/They live and work in Los Angeles.

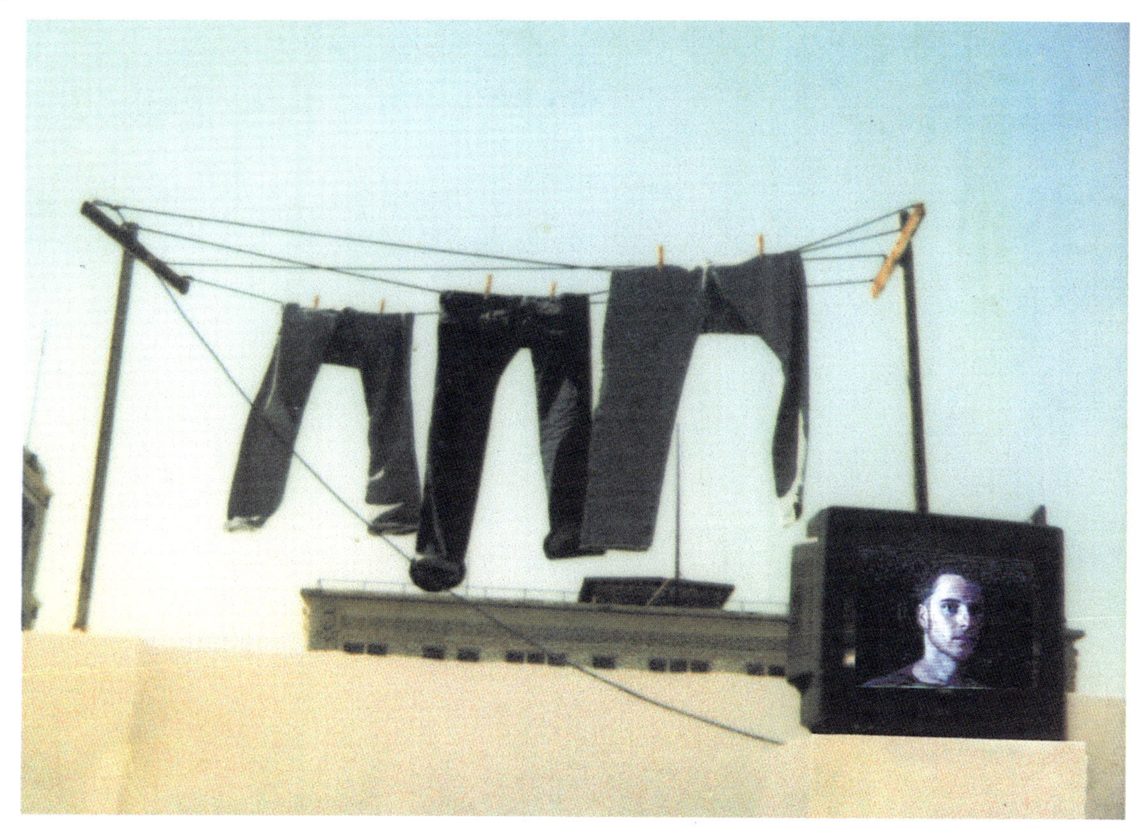

Miltos MANETAS

Nato ad/He was born in Athina nel/in 1964.
Vive e lavora a/He lives and works in New York.

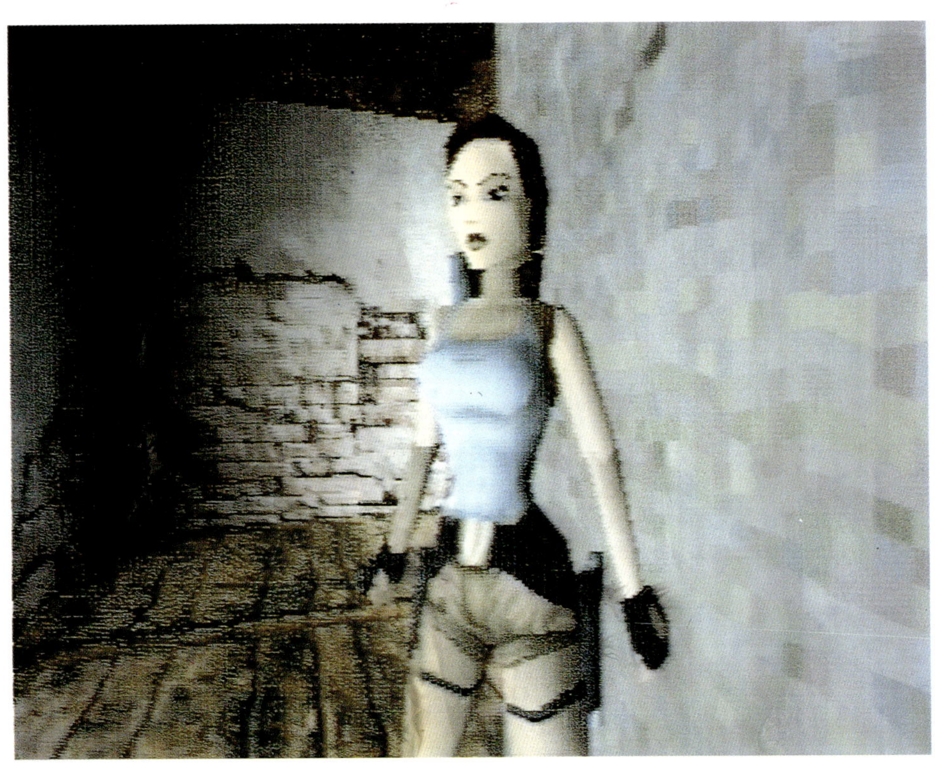

Flames (Lara Croft), 1997

Flames (Lara Croft), 1997

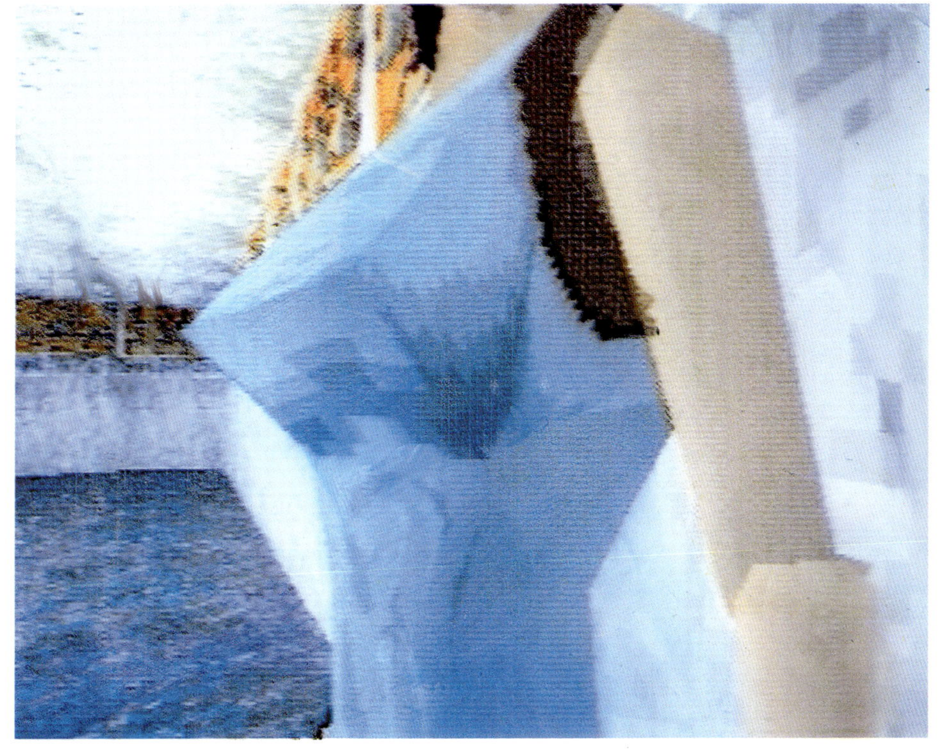

Matthew MARELLO

Nato a/He was born in Reading (USA) nel/in 1960.
Vive e lavora a/He lives and works in New York.

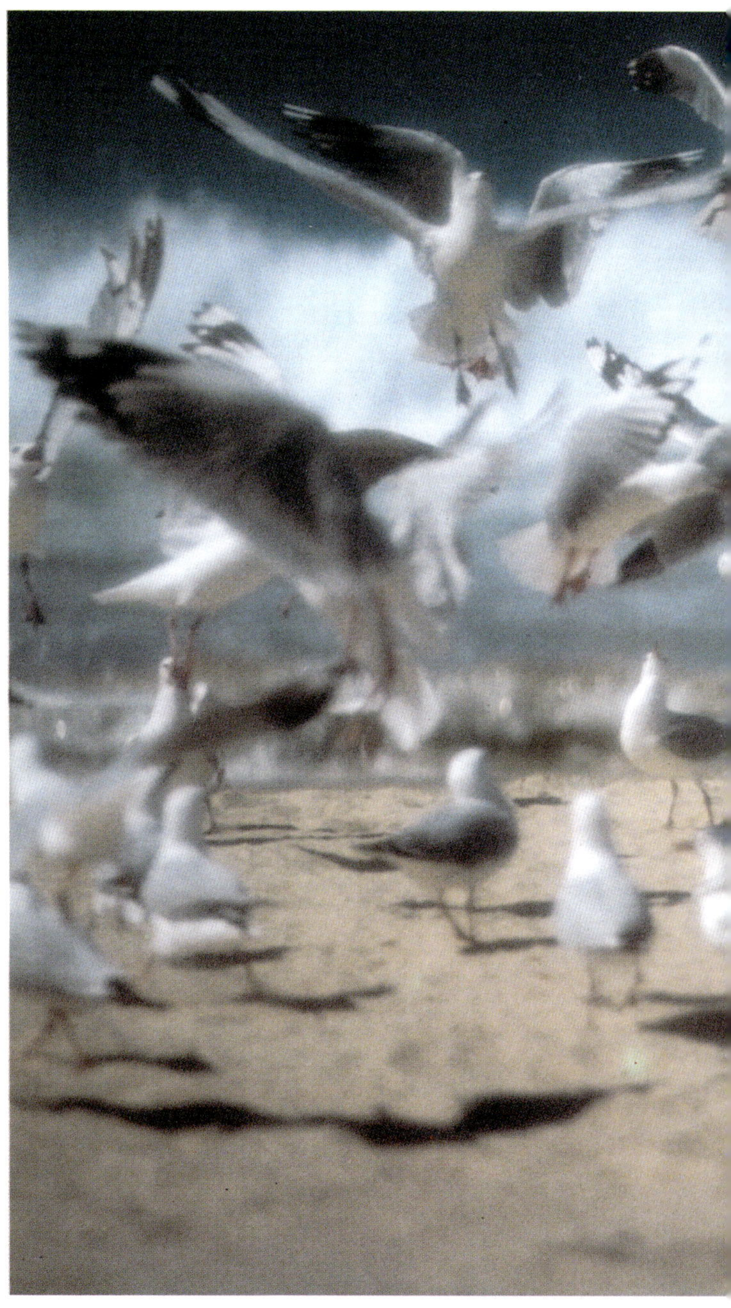

Life's a Beach, 1997

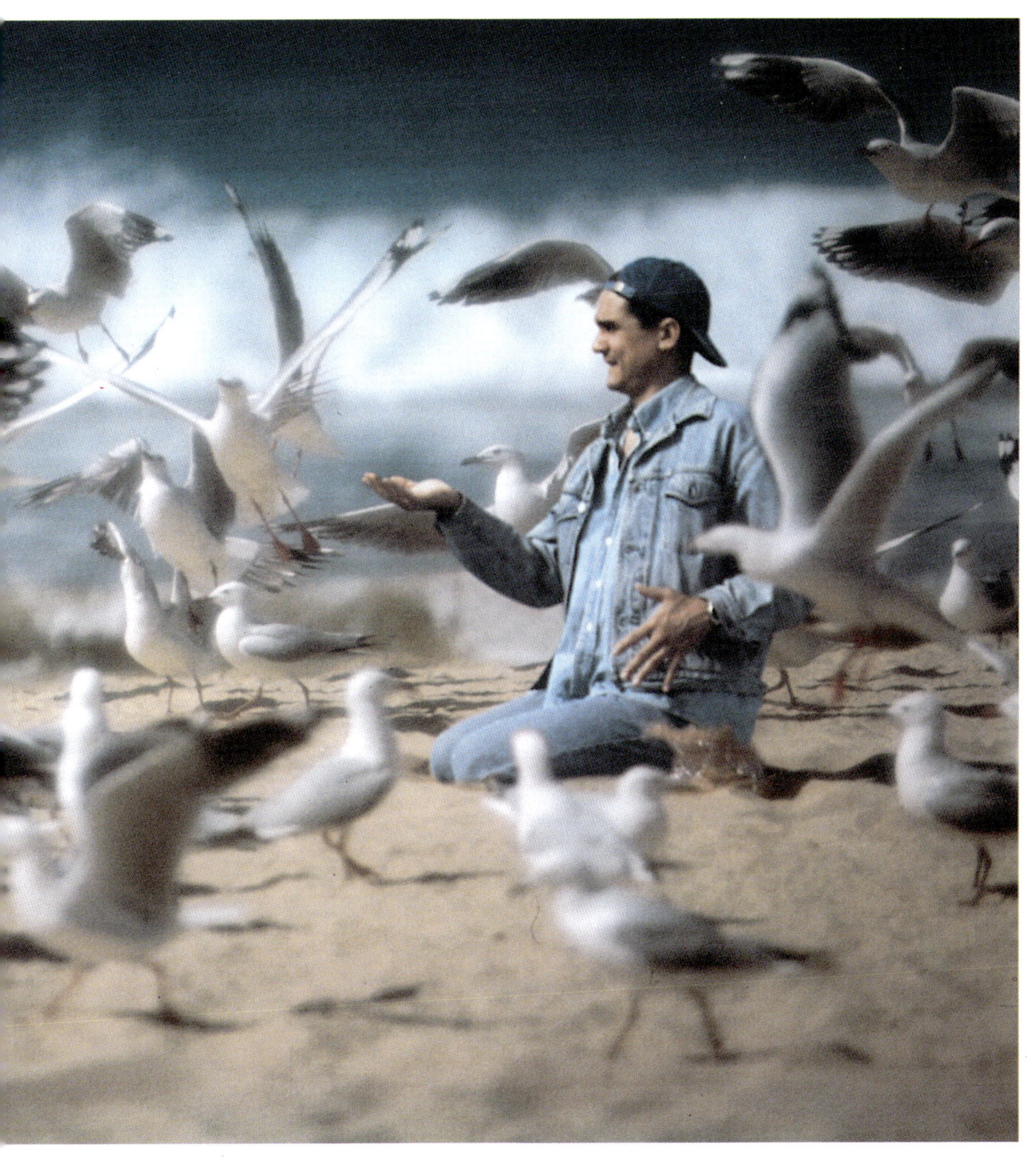

Eva MARISALDI

Nata a/She was born in Bologna nel/in 1966.
Vive e lavora a/She lives and works in Bologna.

Specchio, 1996

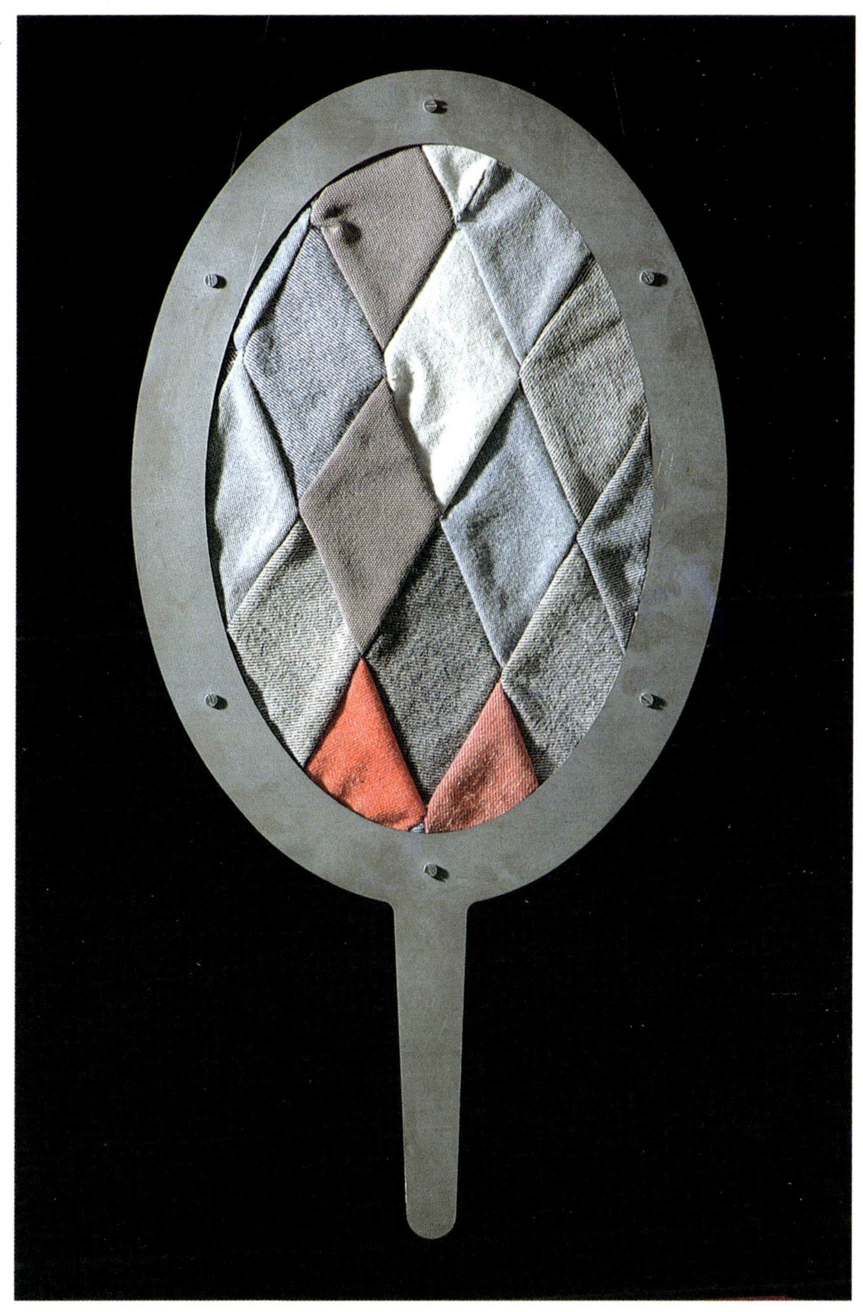

Paul McCARTHY

Nato a/He was born in Salt Lake City (USA) nel/in 1945.
Vive e lavora a/He lives and works in Los Angeles.

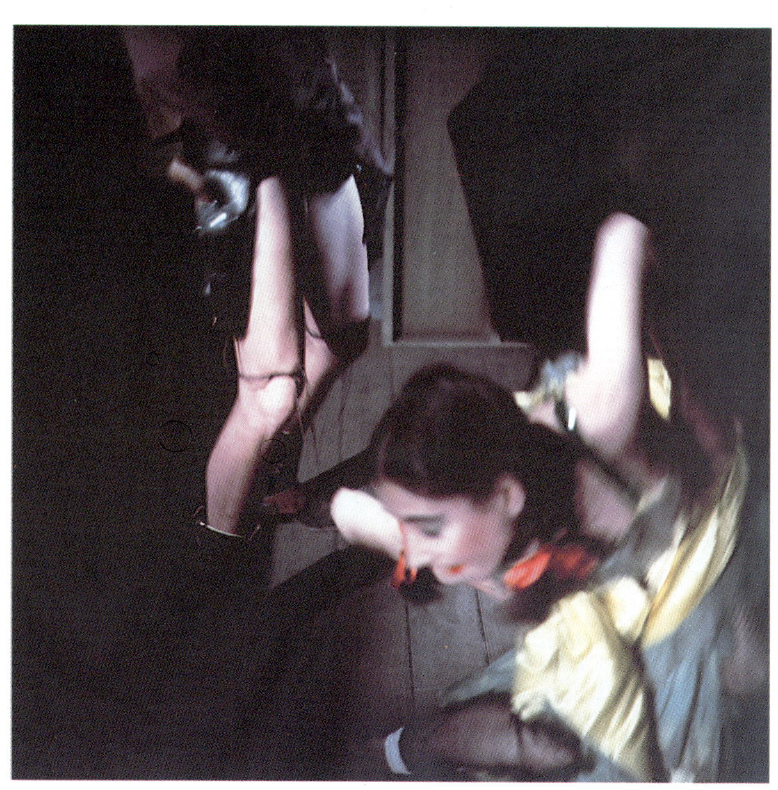

Saloon Production Still, 1996

Saloon Production Still, 1996

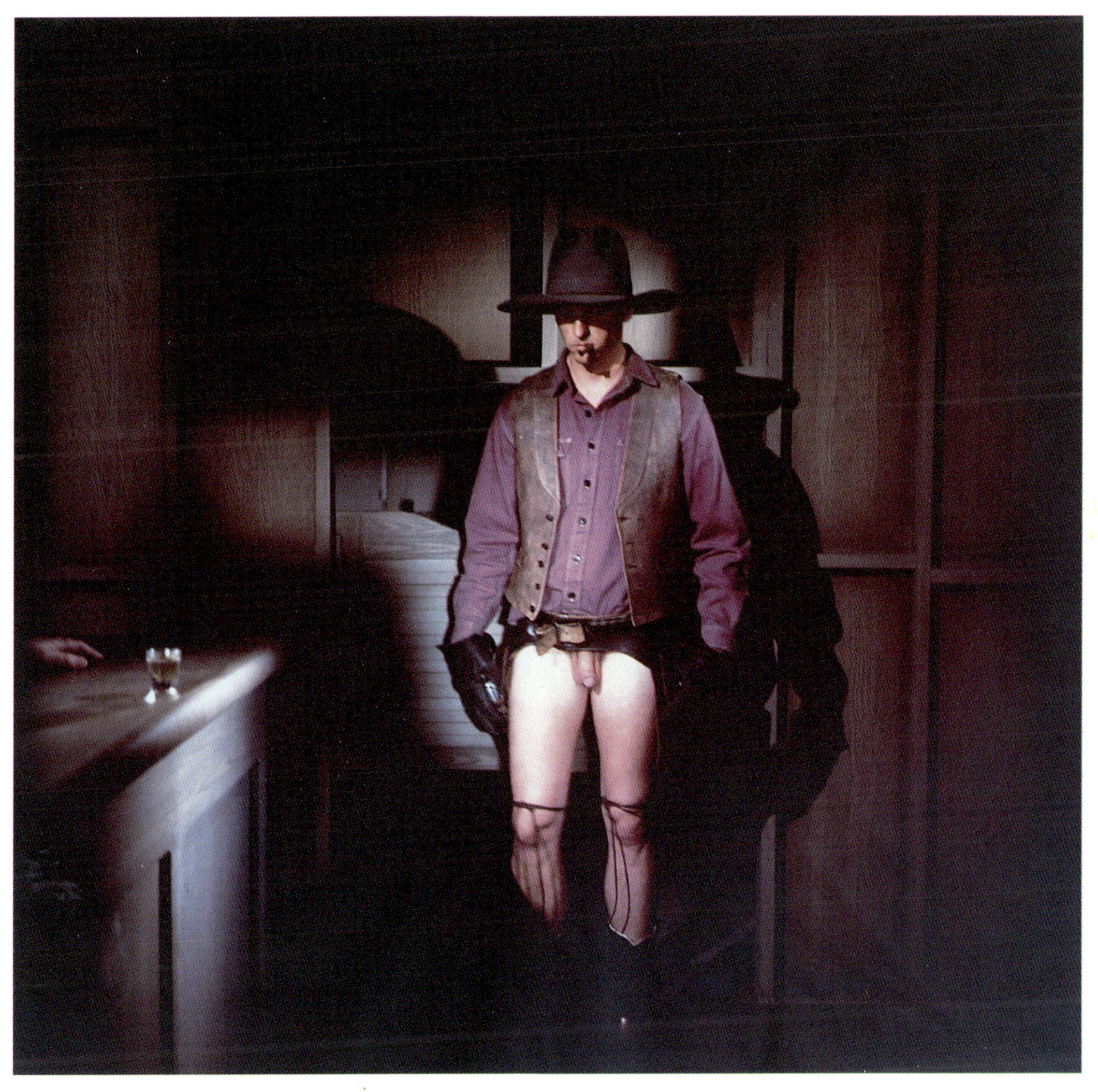

McDERMOTT & McGOUGH

McDermott è nato a/was born in Hollywood (Florida, USA) nel/in 1952.
McGough è nato a/was born in Syracuse (USA) nel/in 1958.
Vivono e lavorano a/They live and work in New York.

The Anachronistic Conversion of the Modern Man, 1990

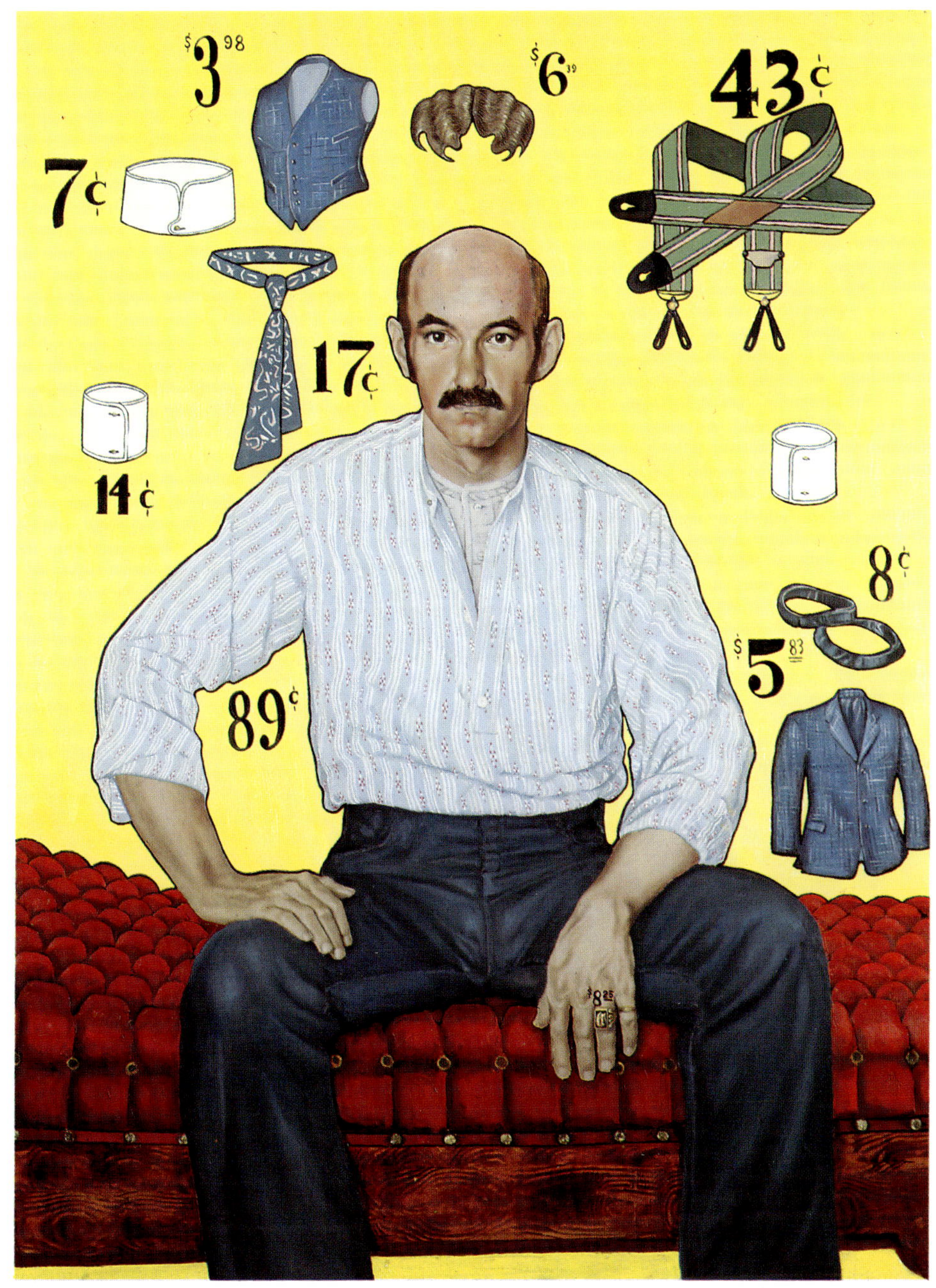

$3 98
$6 9
43 ¢
7 ¢
17 ¢
14 ¢
89 ¢
8 ¢
$5 83
$8 25

Tracey MOFFATT

Nata a/She was born in Brisbane (Australia) nel/in 1960.
Vive e lavora a/She lives and works in Sidney (Australia).

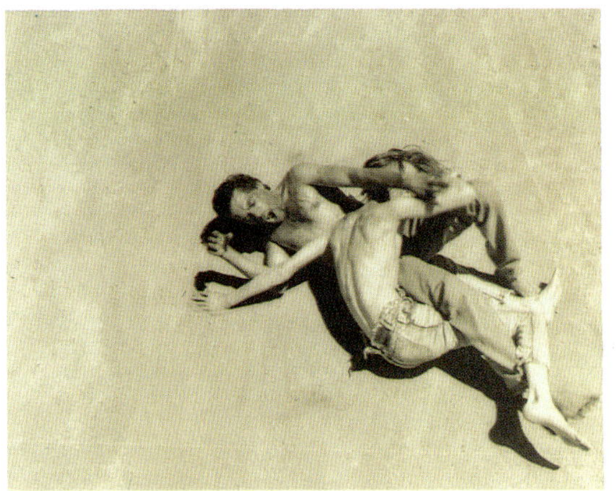 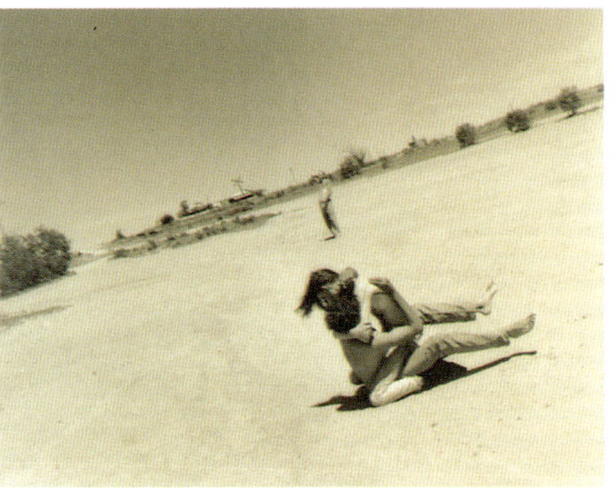

Up in the Sky, 1997   **Up in the Sky**, 1997

Up in the Sky, 1997   **Up in the Sky**, 1997

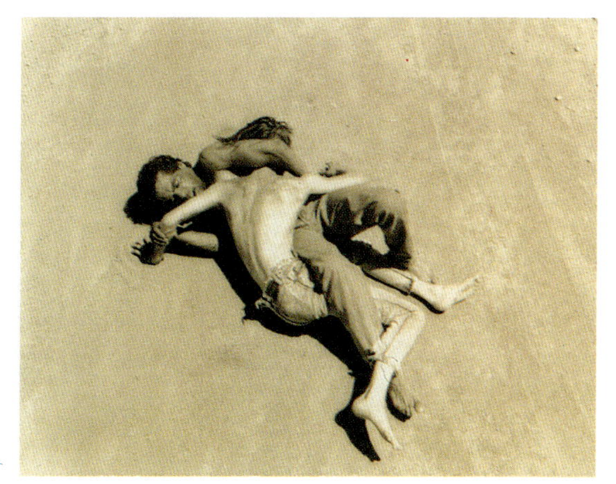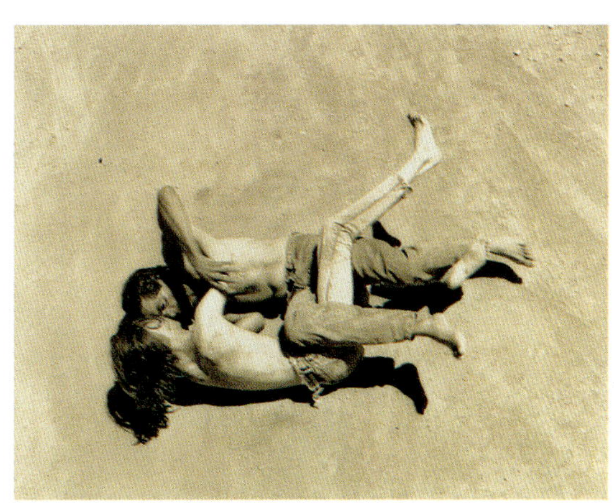

Aldo MONDINO

Nato a/He was born in Torino nel/in 1940.
Vive e lavora a/He lives and works in Torino.

Convertirsi al jeans, 1994

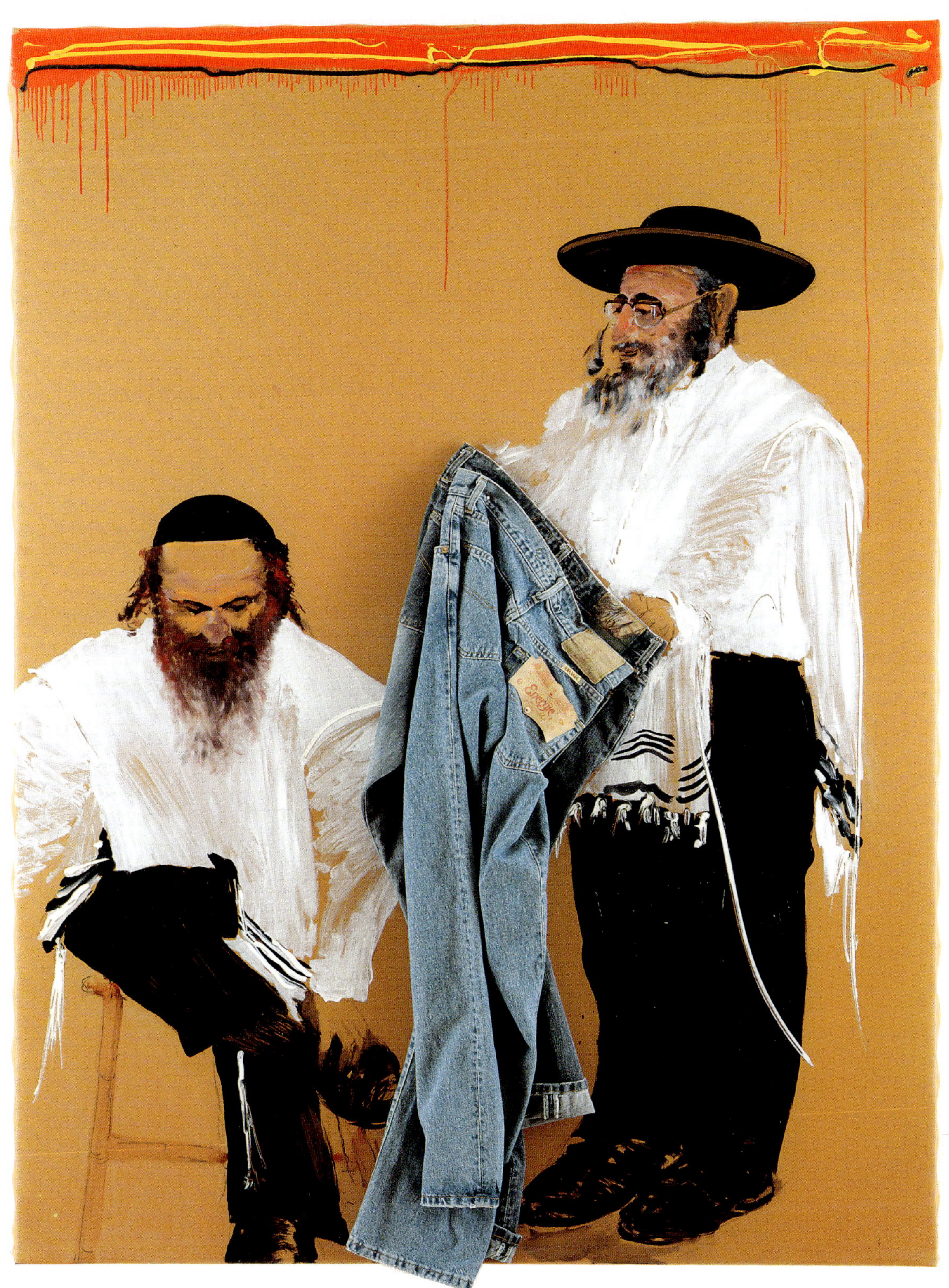

Erwin OLAF

Nato a/He was born in Hilversum (Holland) nel/in 1959.
Vive e lavora ad/He lives and works in Amsterdam.

Blu, 1997

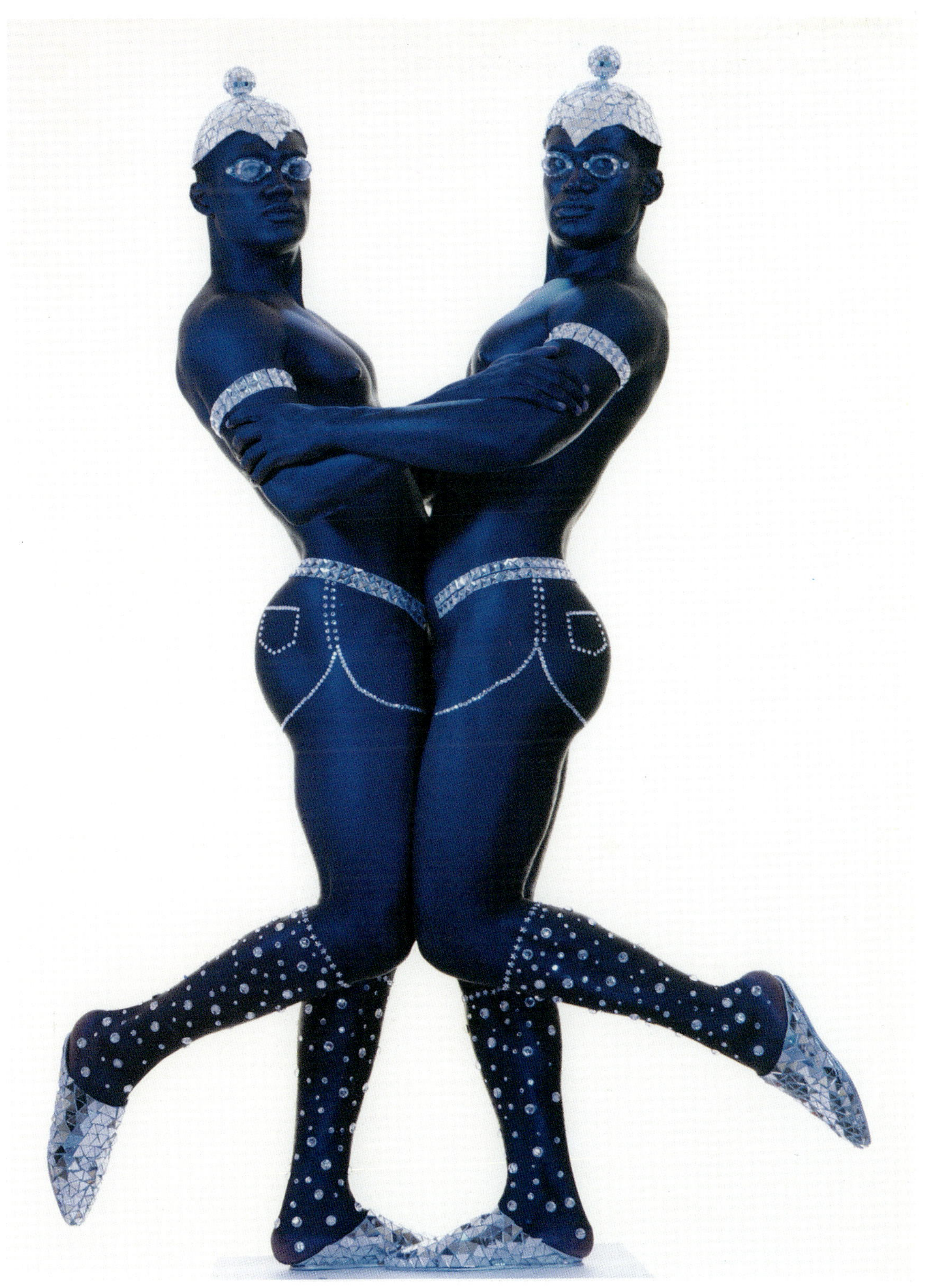

Luigi ONTANI

Nato a/He was born in Montovolo di Grizzana
Morandi a Vergato (Bo) nel/in 1943.
Vive e lavora a/He lives and works in Roma.

Pollo'ck', 1997

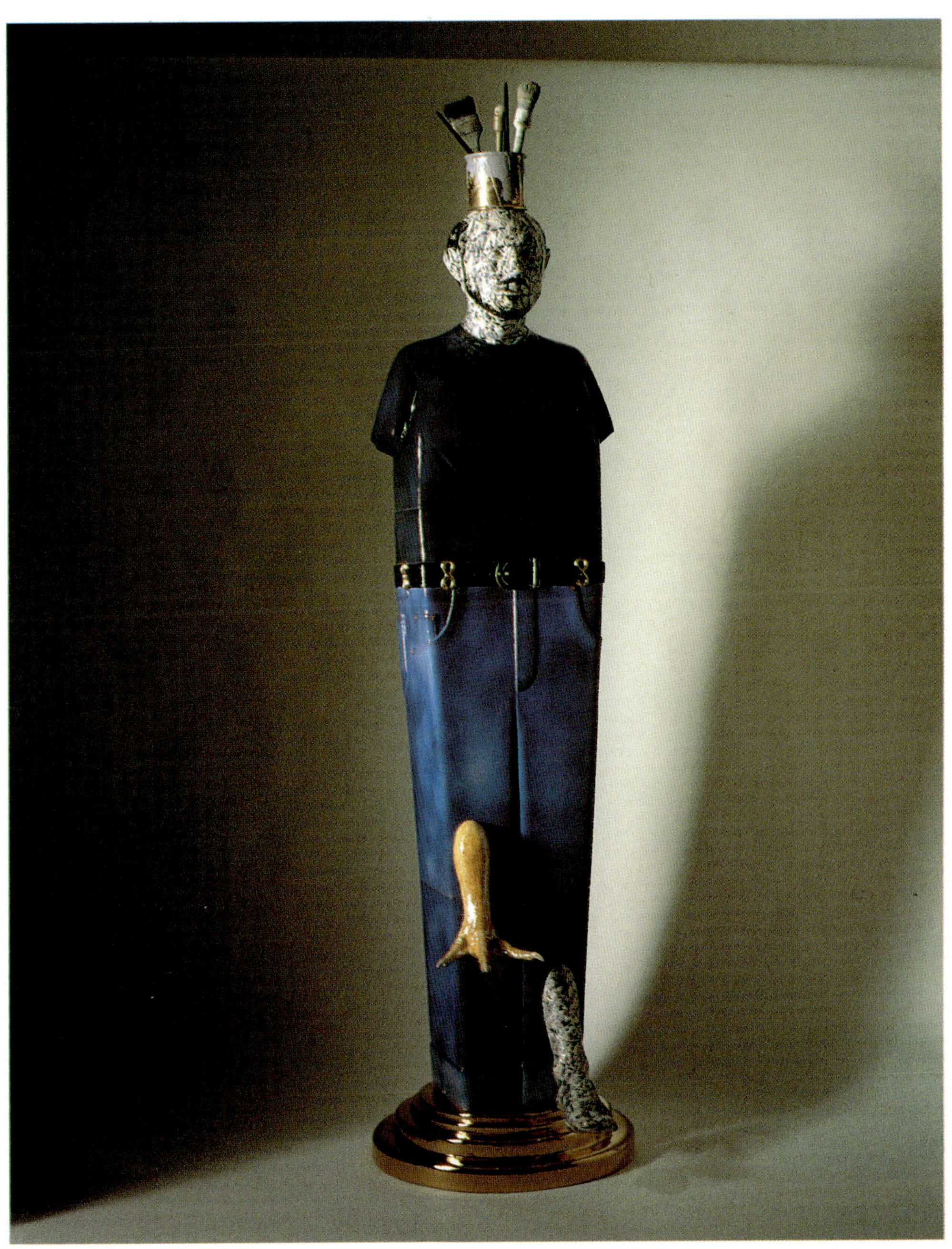

Catherine OPIE

Nata a/She was born in Sandusky (USA) nel/in 1961.
Vive e lavora a/She lives and works in Los Angeles.

Richard, 1994

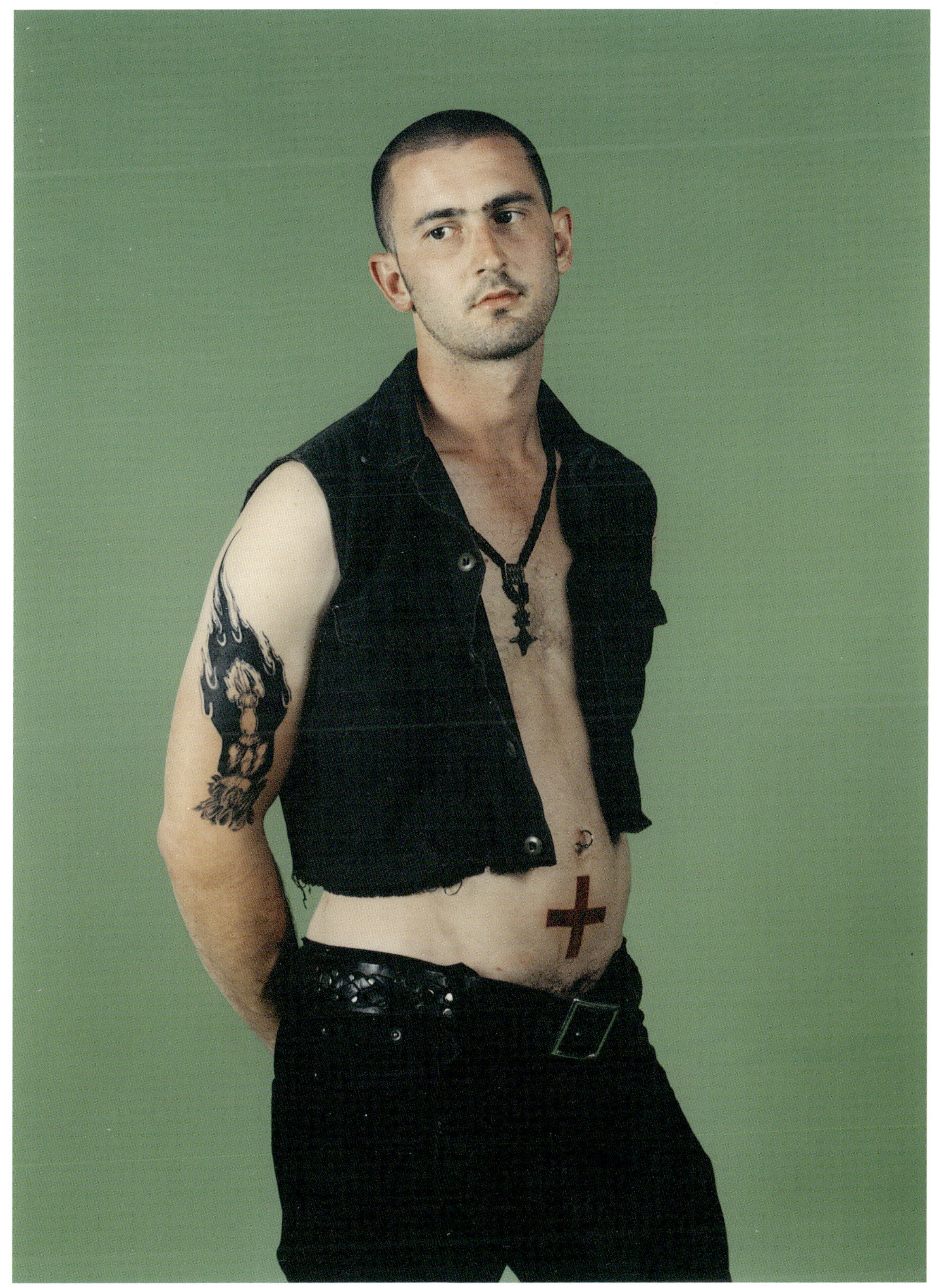

Mimmo PALADINO

Nato a/He was born in Paduli (Bn) nel/in 1948.
Vive e lavora tra/He lives and works among
Milano, Roma e/and Benevento.

Senza Titolo, 1978

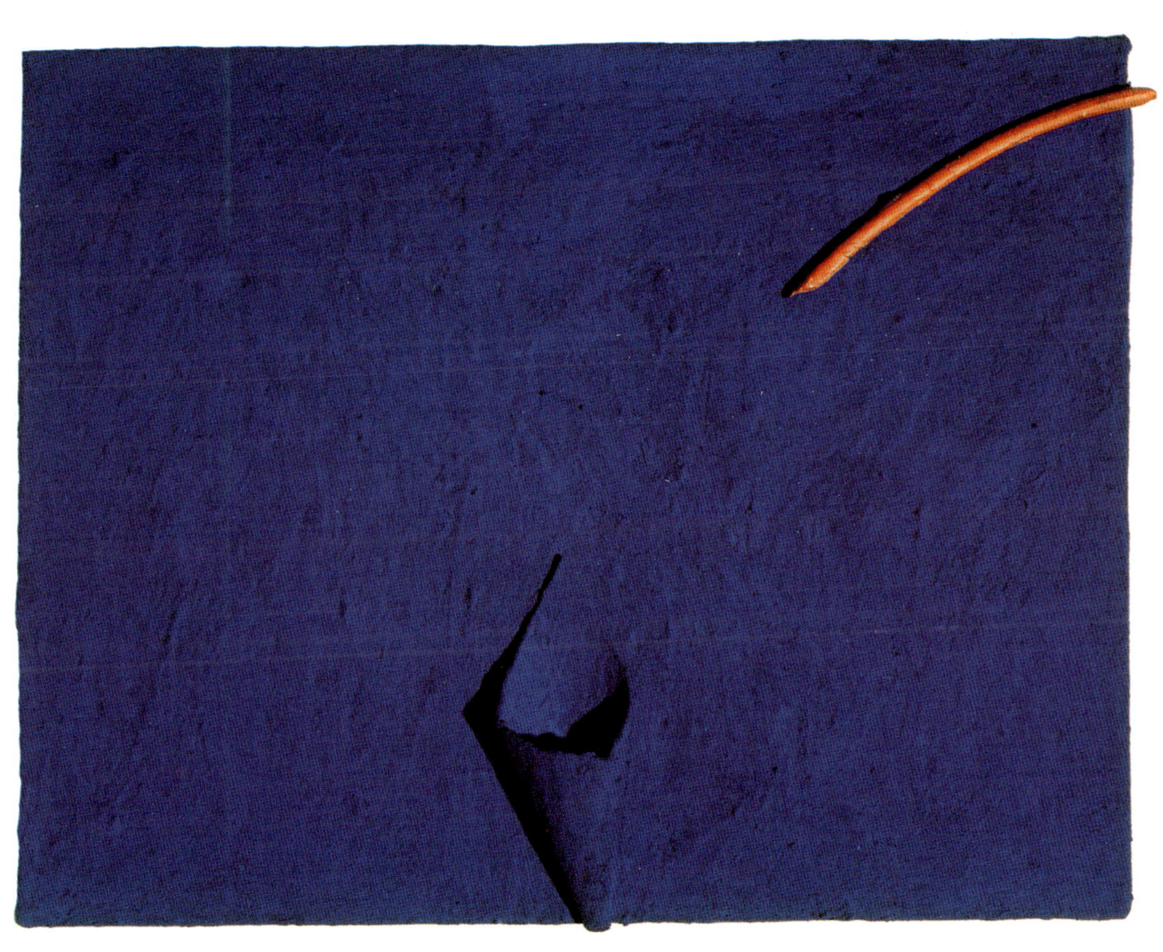

Andrea PAZIENZA

Nato a/He was born in San Benedetto del Tronto (Ap) nel/in 1956.
Morto a/He died in Montepulciano (Si) nel/in 1988.

Gasp! Il mio giubbazzo di Energie, 1986-87

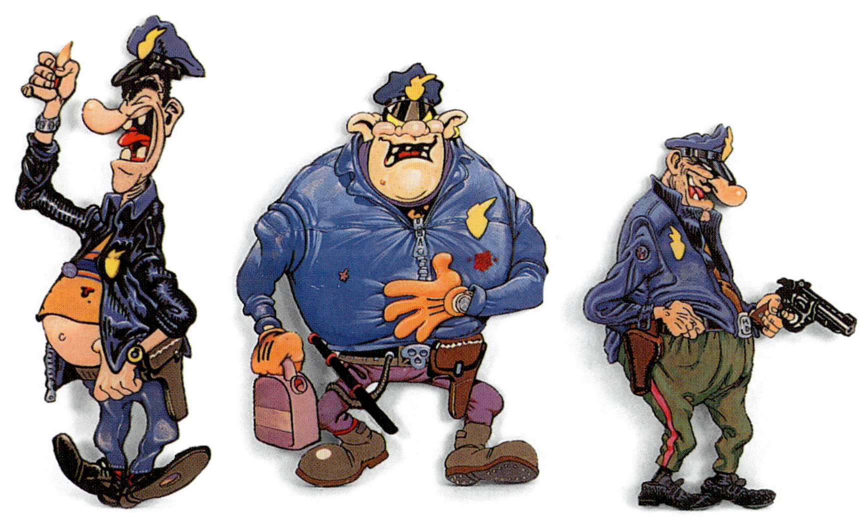

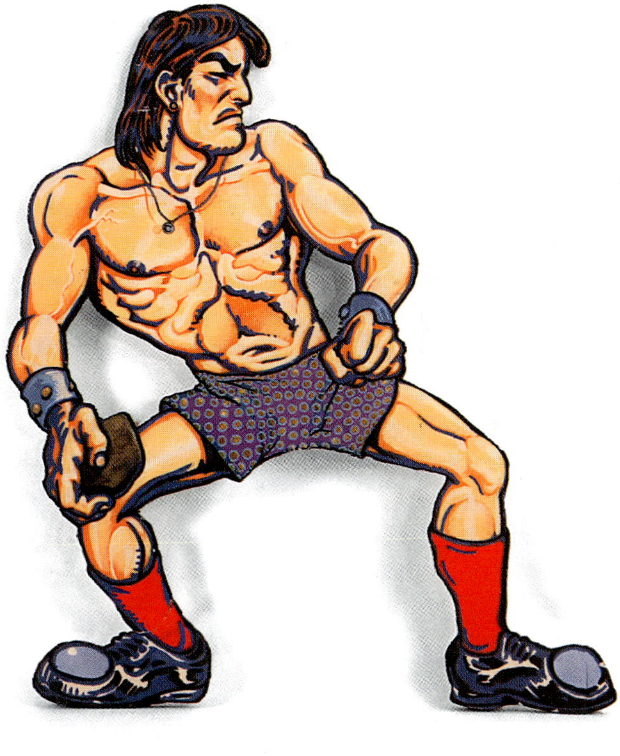

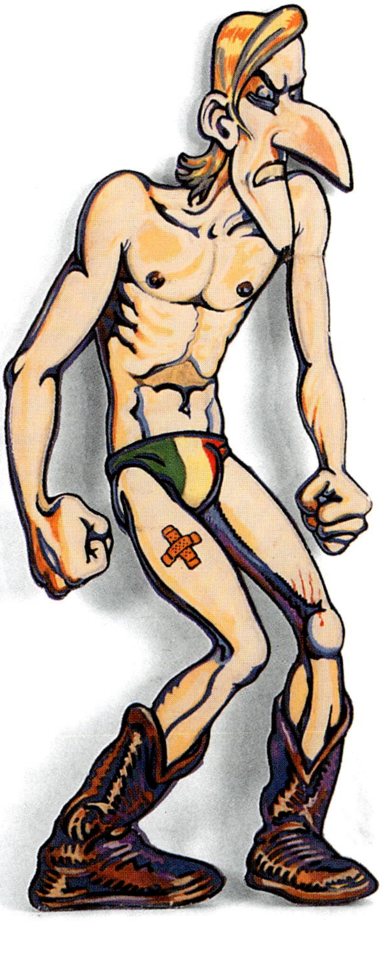

Alberta PELLACANI

Nata a/She was born in Carpi (Mo) nel/in 1964.
Vive e lavora a/She lives and works in Carpi.

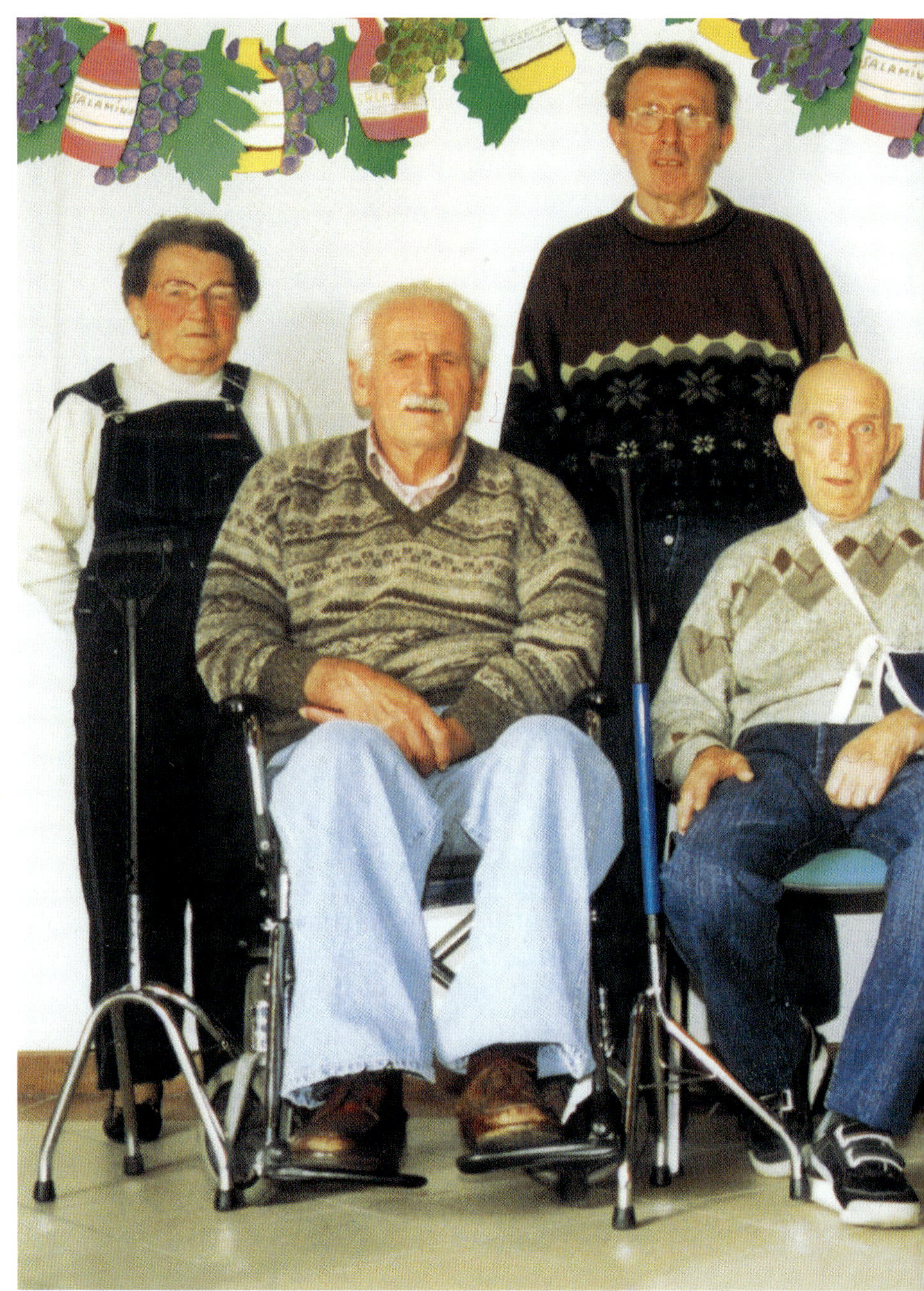

La Prima Volta, centro diurno per anziani,
da sinistra Almina, Alcide, Evanzio, Ermete,
Ada, Maria, Ivonne e Luigi, 1997

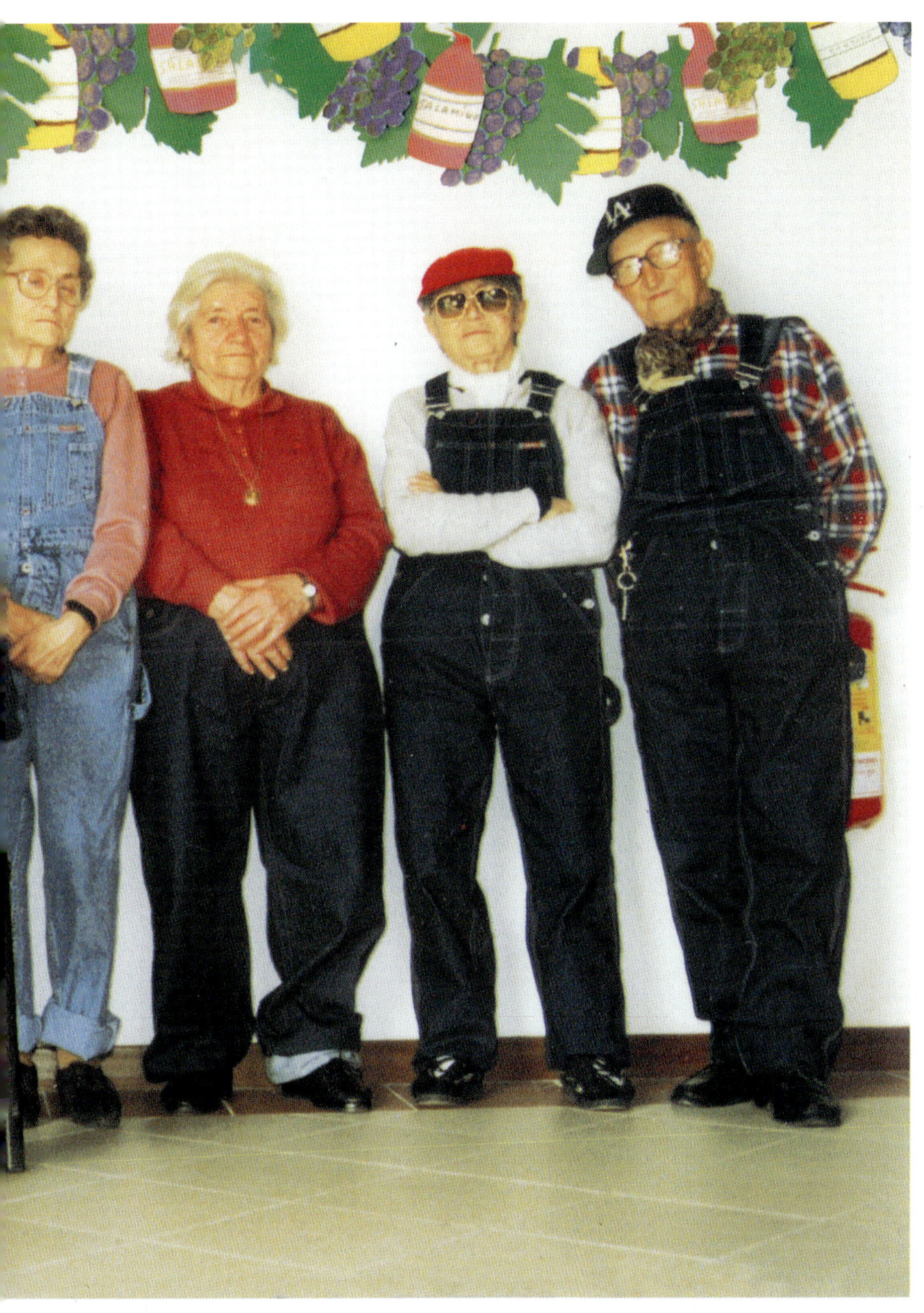

Maurizio PELLEGRIN

Nato a/He was born in Venezia nel/in 1956.
Vive e lavora tra/He lives and works between
New York e/and Venezia.

Tucson tea, 1993

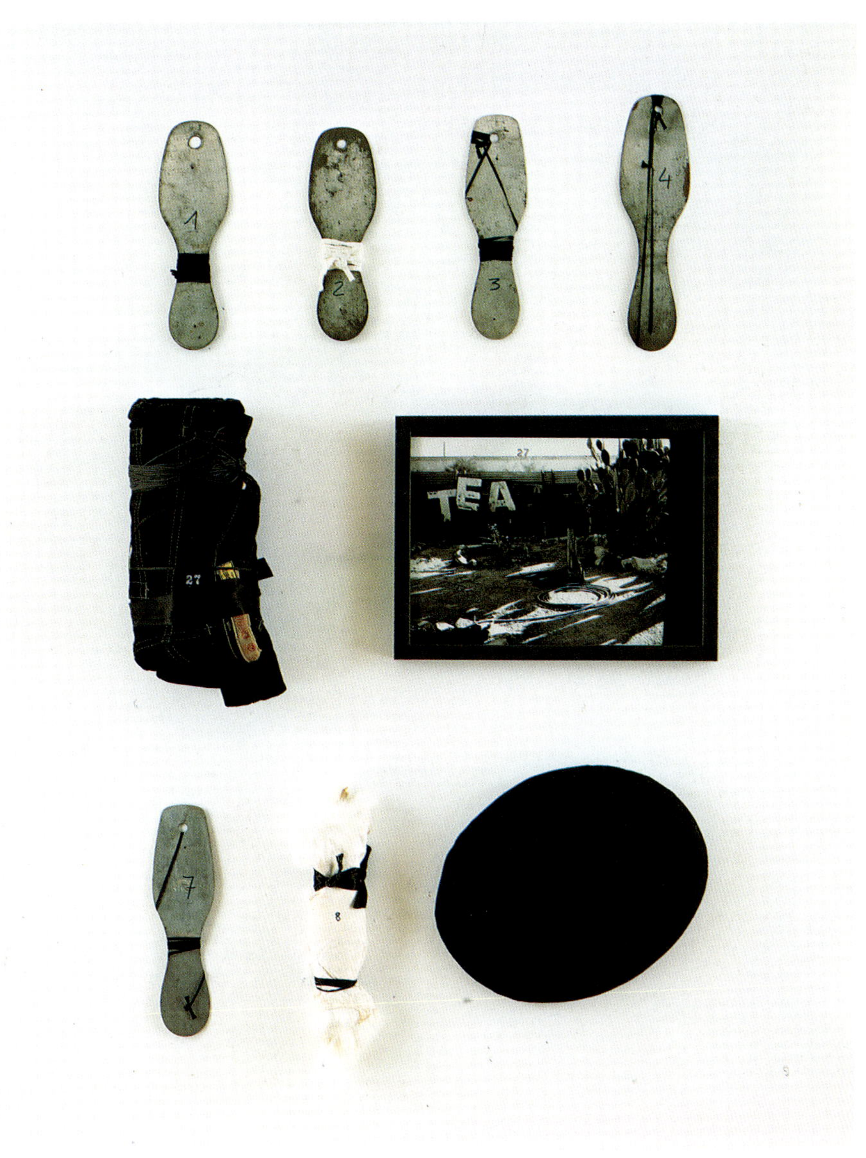

PIERRE et GILLES

Pierre è nato a/was born in Roche-sur-Yon (France).
Gilles è nato a/was born in Le Havre (France).
Vivono e lavorano a/They live and work in Paris.

Didier, 1994

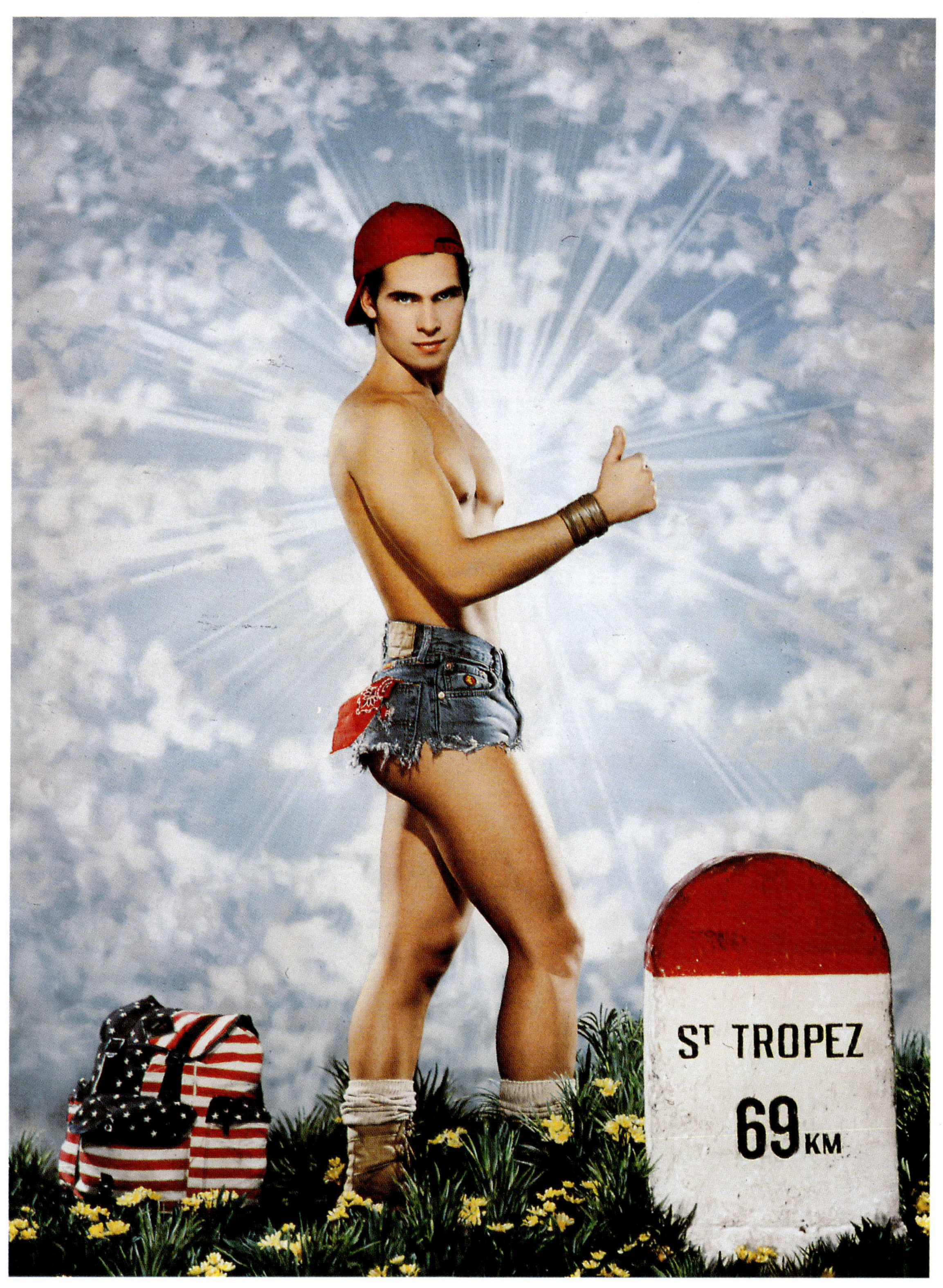
ST TROPEZ
69 KM

Richard PRINCE

Nato a/He was born in Panama Canal Zone (Panama)
nel/in 1949.
Vive e lavora a/He lives and works in New York.

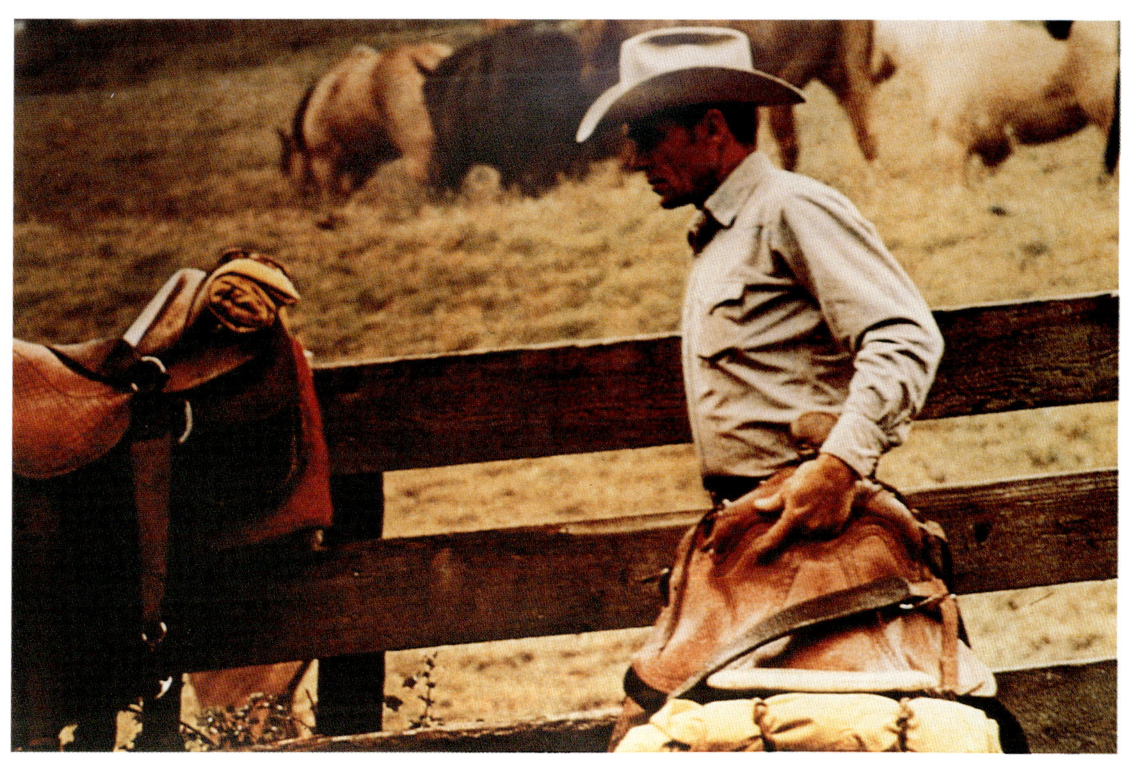

Alessandro RAHO

Nato a/He was born in Nassau (Bahamas) nel/in 1971.
Vive e lavora a/He lives and works in London.

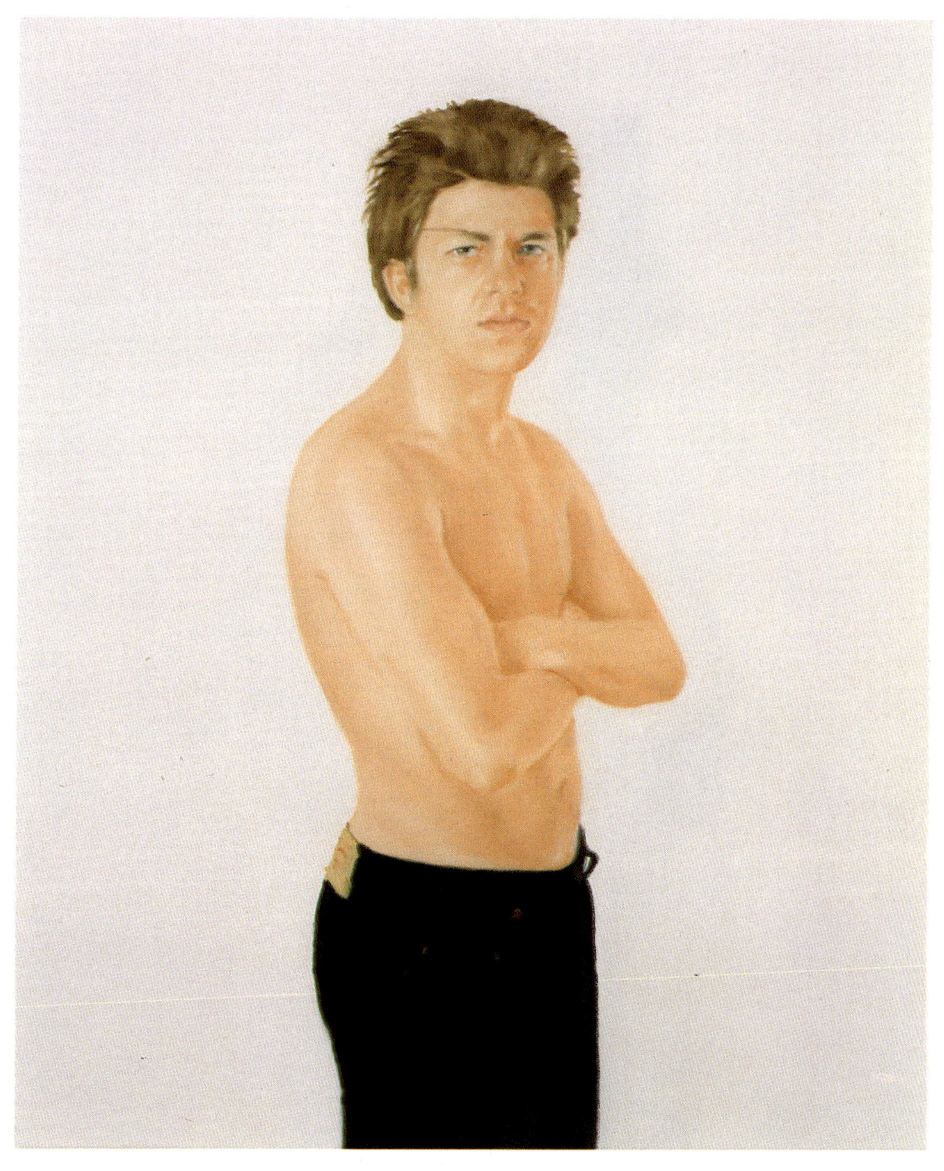

Miguel ROTHSCHILD

Nato a/He was born in Buenos Aires (Argentina) nel/in 1963.
Vive e lavora a/He lives and works in Berlin.

Everybody needs Miguel Rotschild, 1997

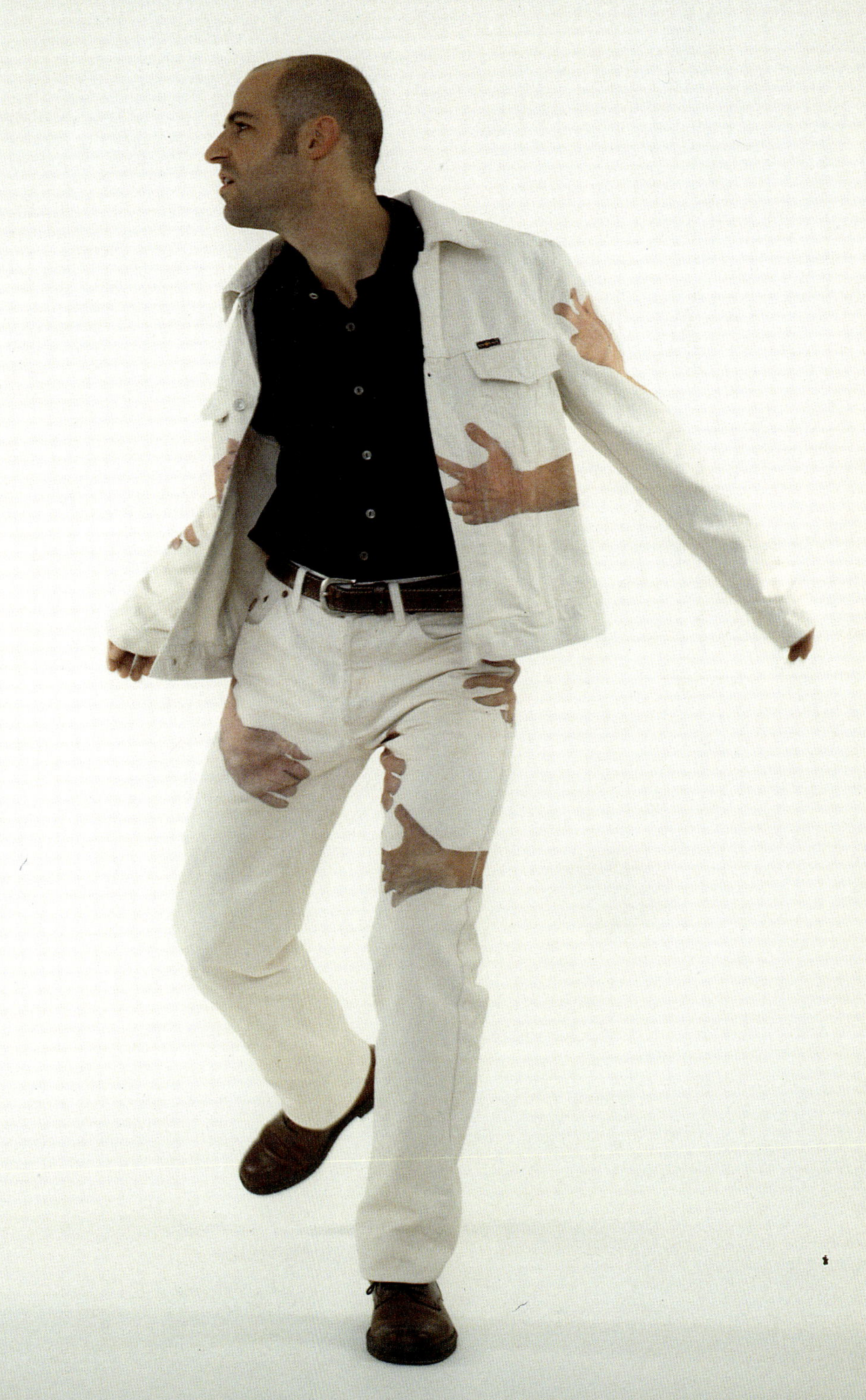

Sabrina SABATO

Nata a/She was born in Napoli nel/in 1968.
Vive e lavora a/She lives and works in Milano.

Meridiana, 1997

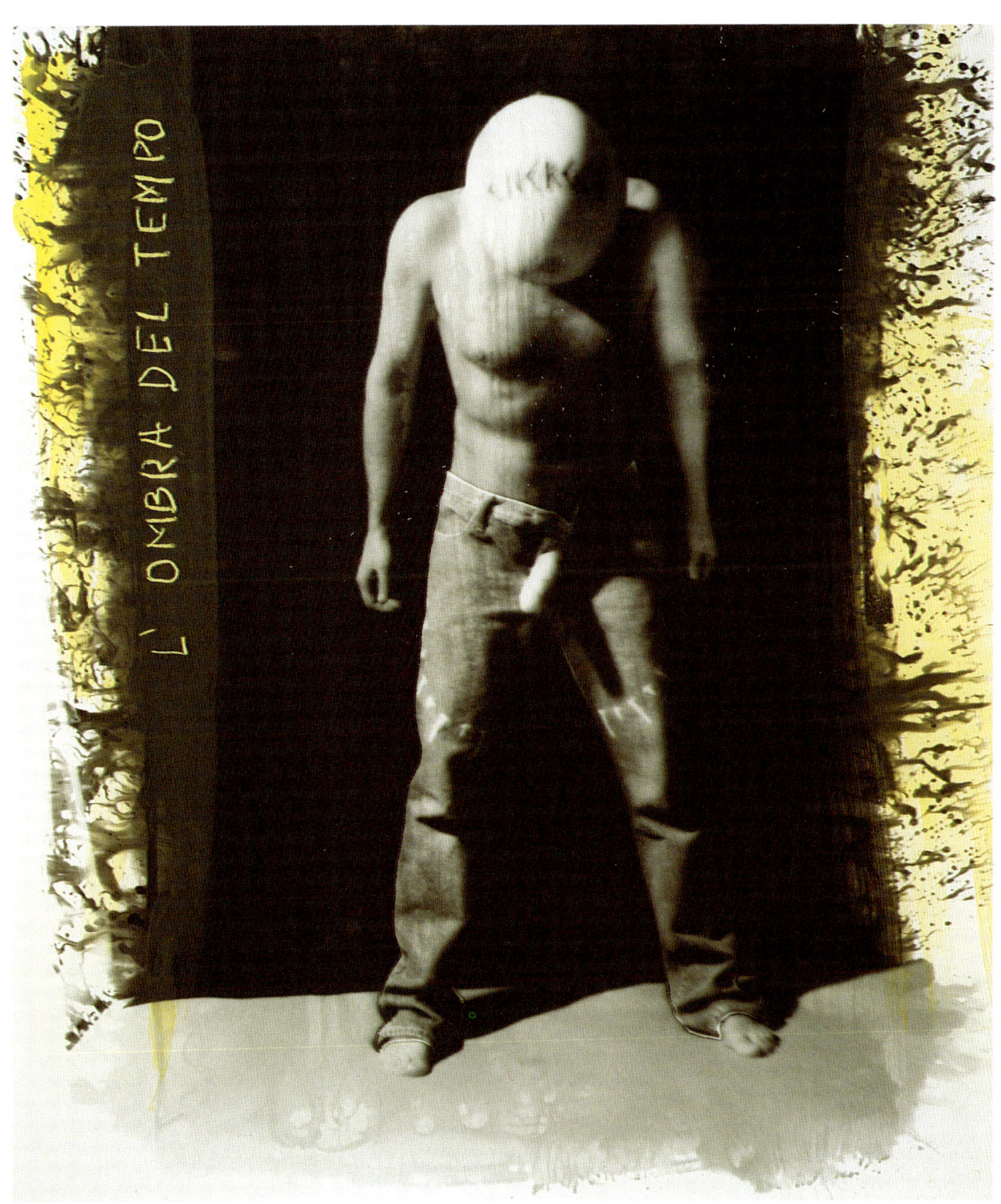
L' OMBRA DEL TEMPO

Tom SACHS

Nato a/He was born in New York nel/in 1966.
Vive e lavora a/He lives and works in New York.

Guru Chew, 1997

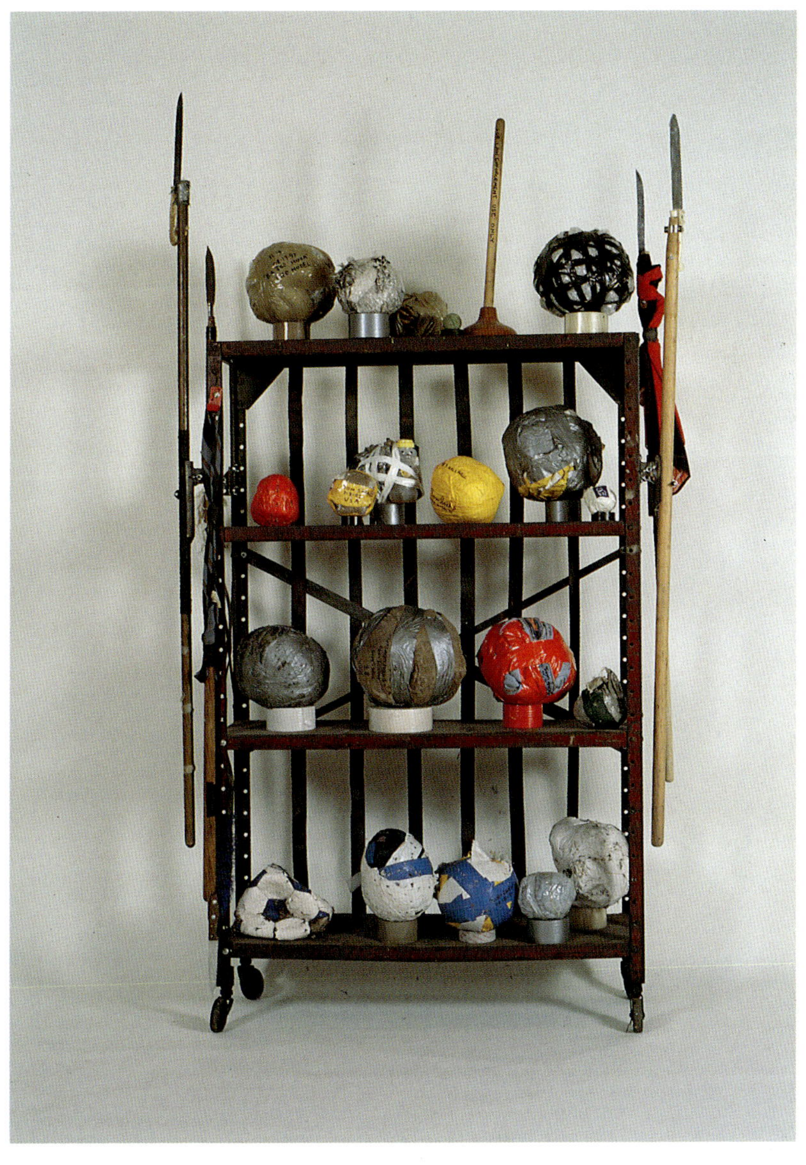

Marco SAMORÈ

Nato a/He was born in Faenza (Ra) nel/in 1964.
Vive e lavora a/He lives and works in Faenza.

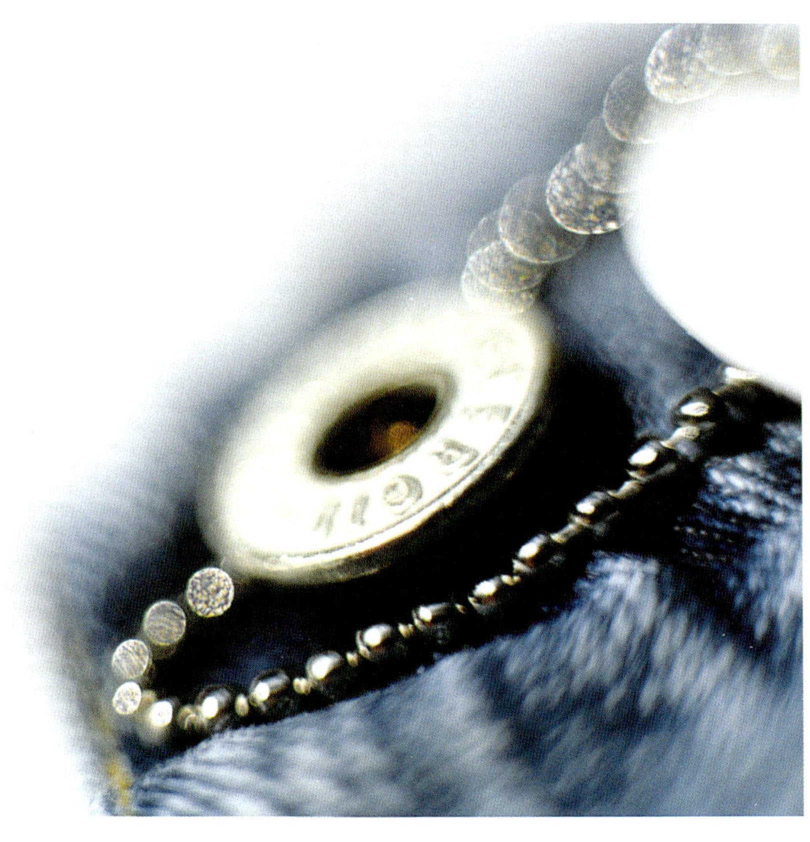

Assistenza Sanitaria, 1997

Assistenza Sanitaria, 1997

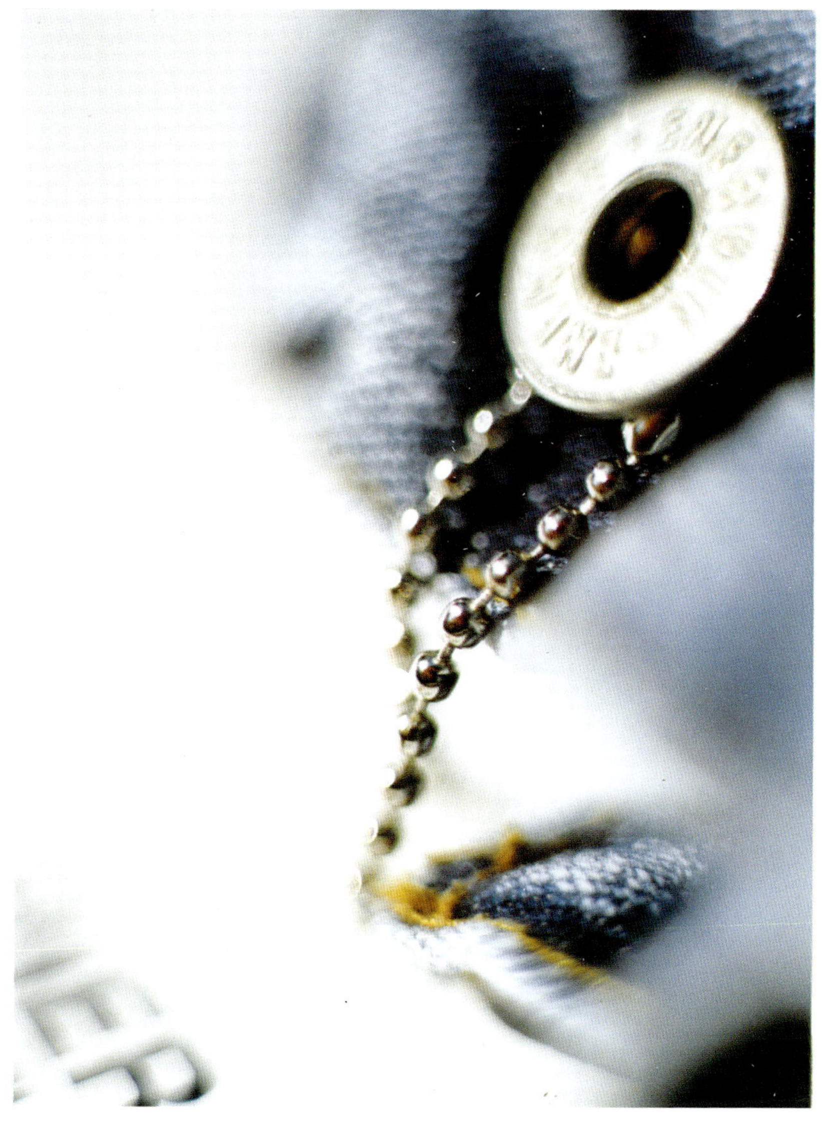

Mario SCHIFANO

Nato a/He was born in Homs (Libiyah) nel/in 1934.
Vive e lavora a/He lives and works in Roma.

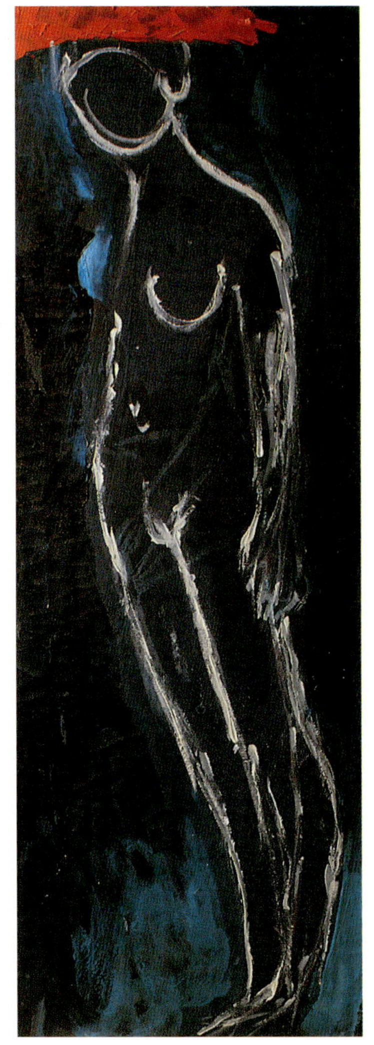

Senza Titolo, 1994

Senza Titolo, 1994

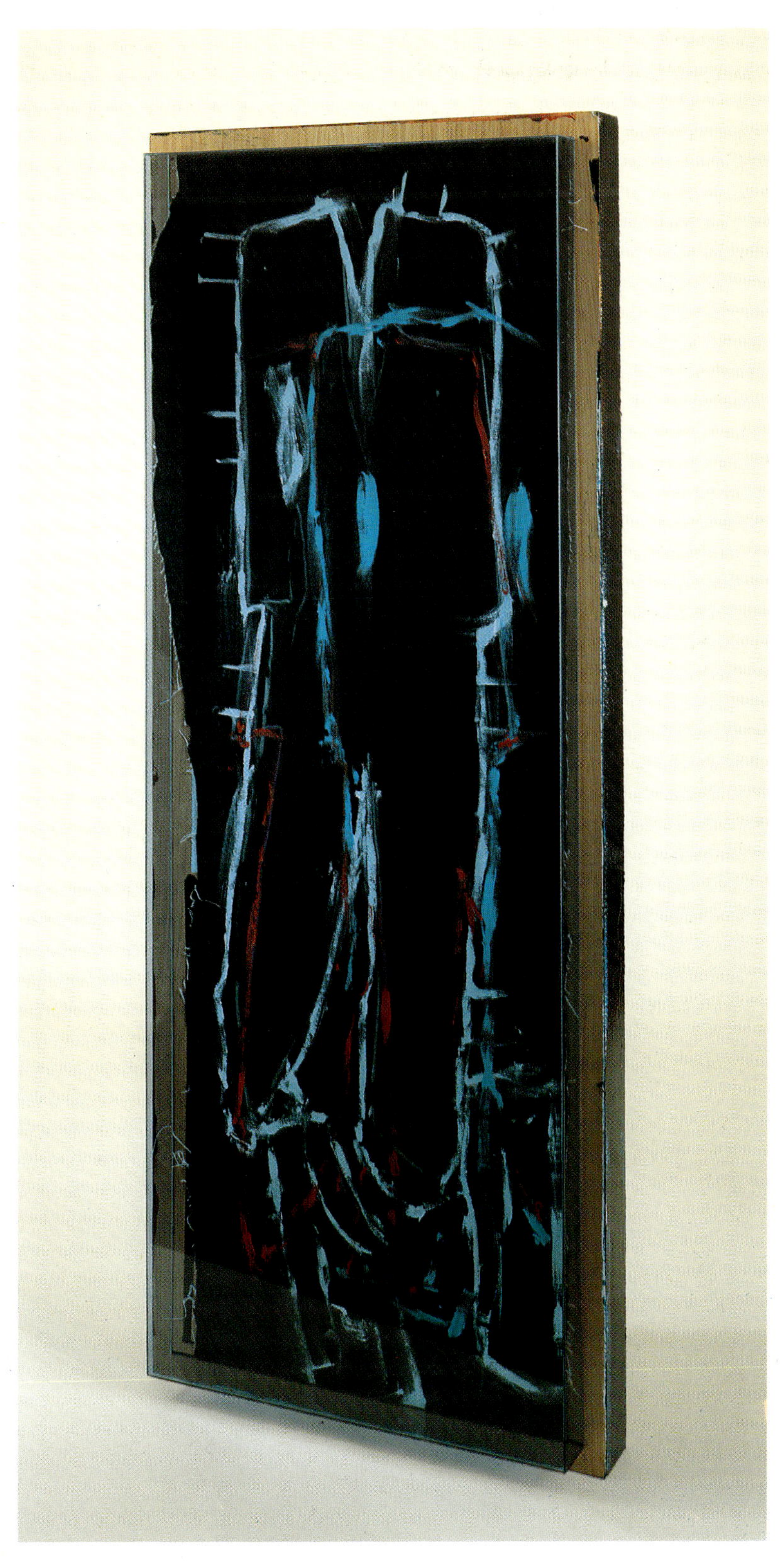

Andres SERRANO

Nato a/He was born in New York nel/in 1950.
Vive e lavora a/He lives and works in New York.

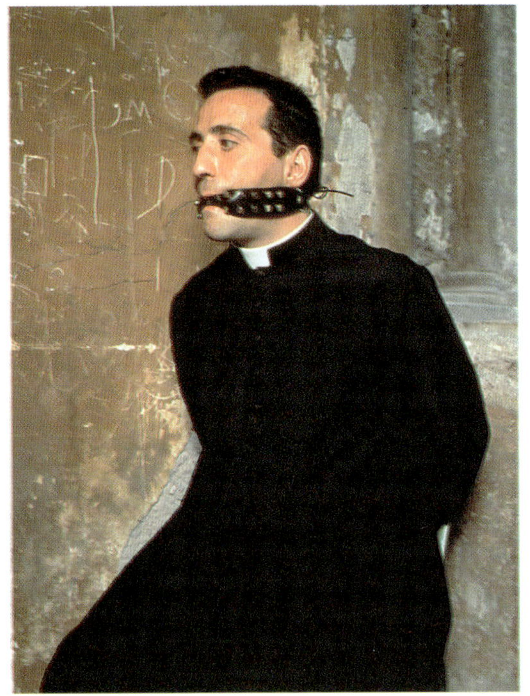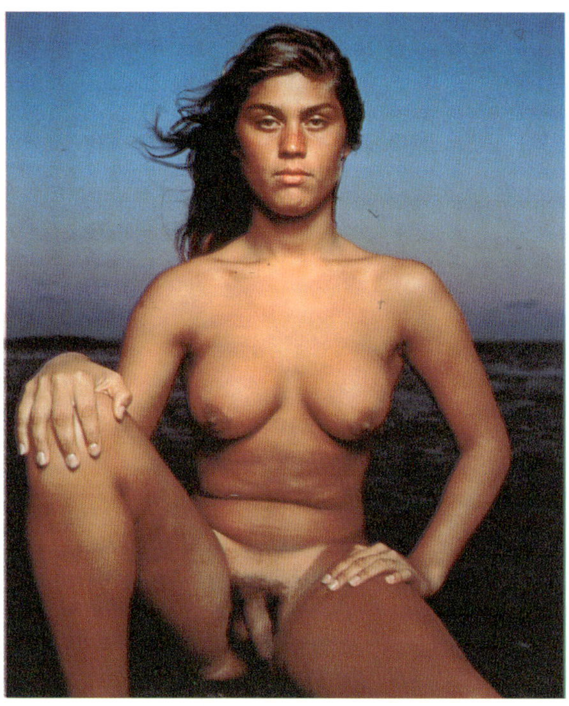

History of Sex: Martyr,*1996*

History of Sex: Alessandra,*1996*

Tazzie, *1997*

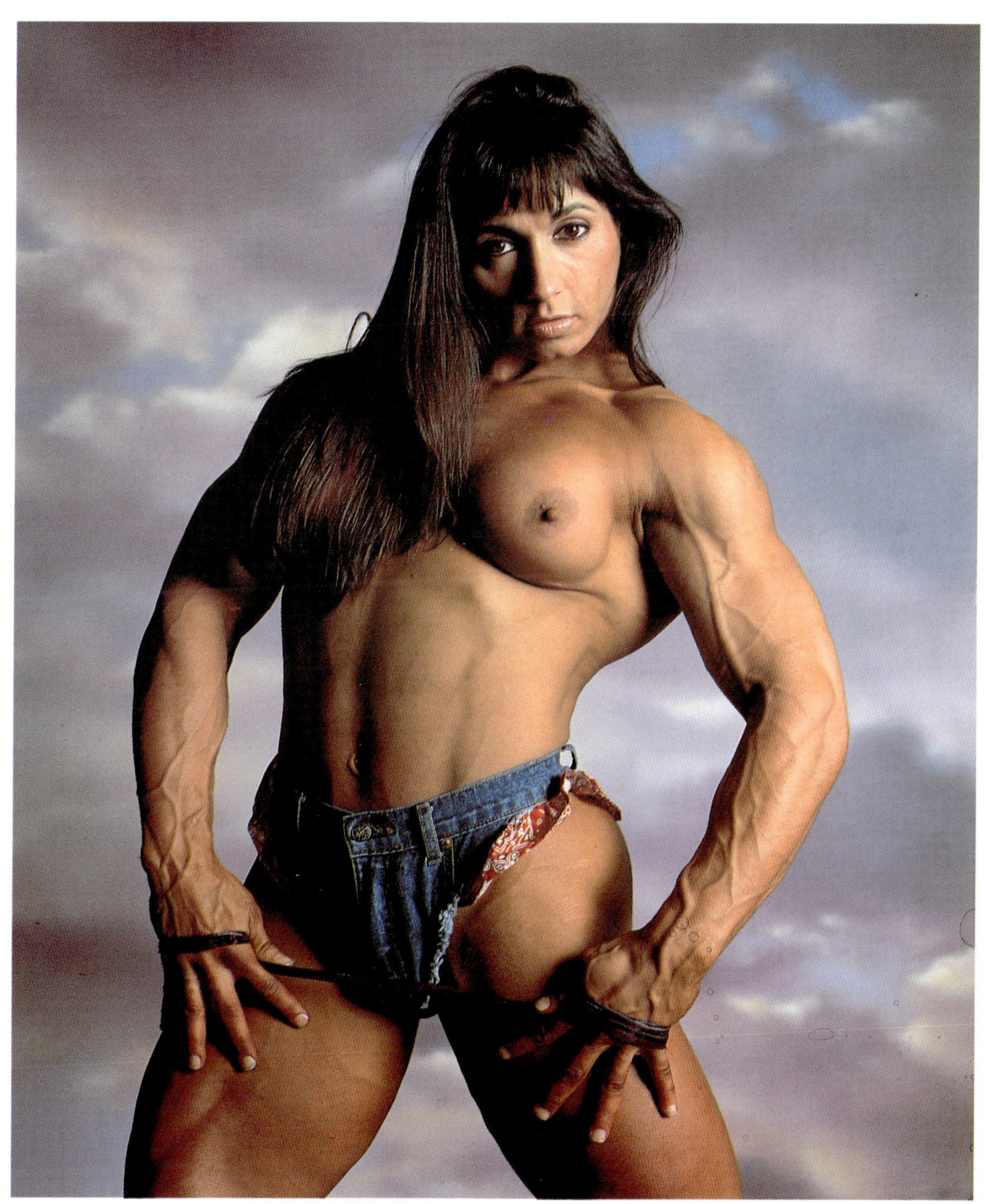

Sam TAYLOR-WOOD

Nata a/She was born in London nel/in 1967.
Vive e lavora a/She lives and works in London.

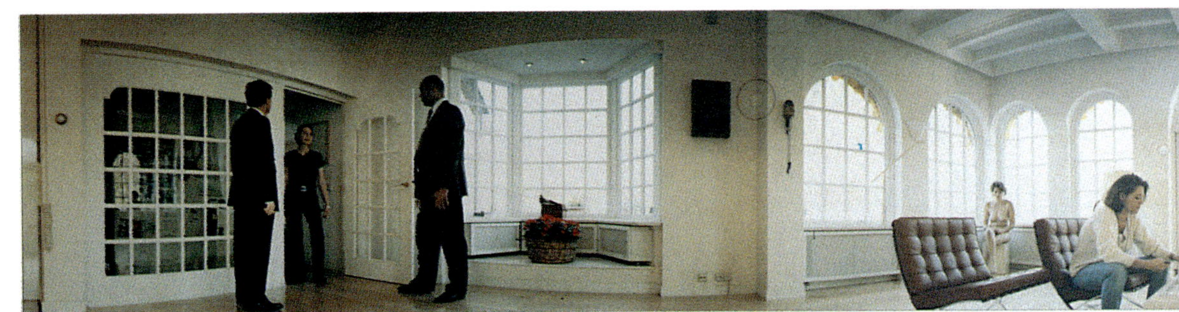

Five Revolutionary Seconds IV, 1996

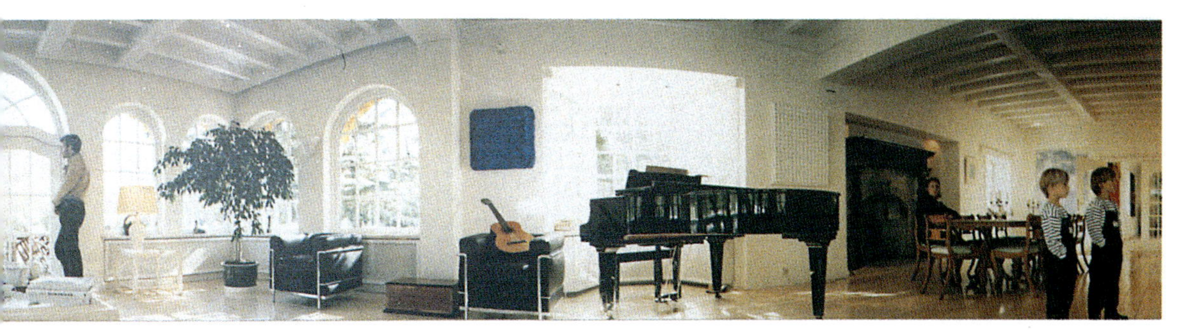

Wolfgang TILLMANS

Nato a/He was born in Remsheid (Deutschland) nel/in 1968.
Vive e lavora a/He lives and works in London.

Torben & Jonas, 1995

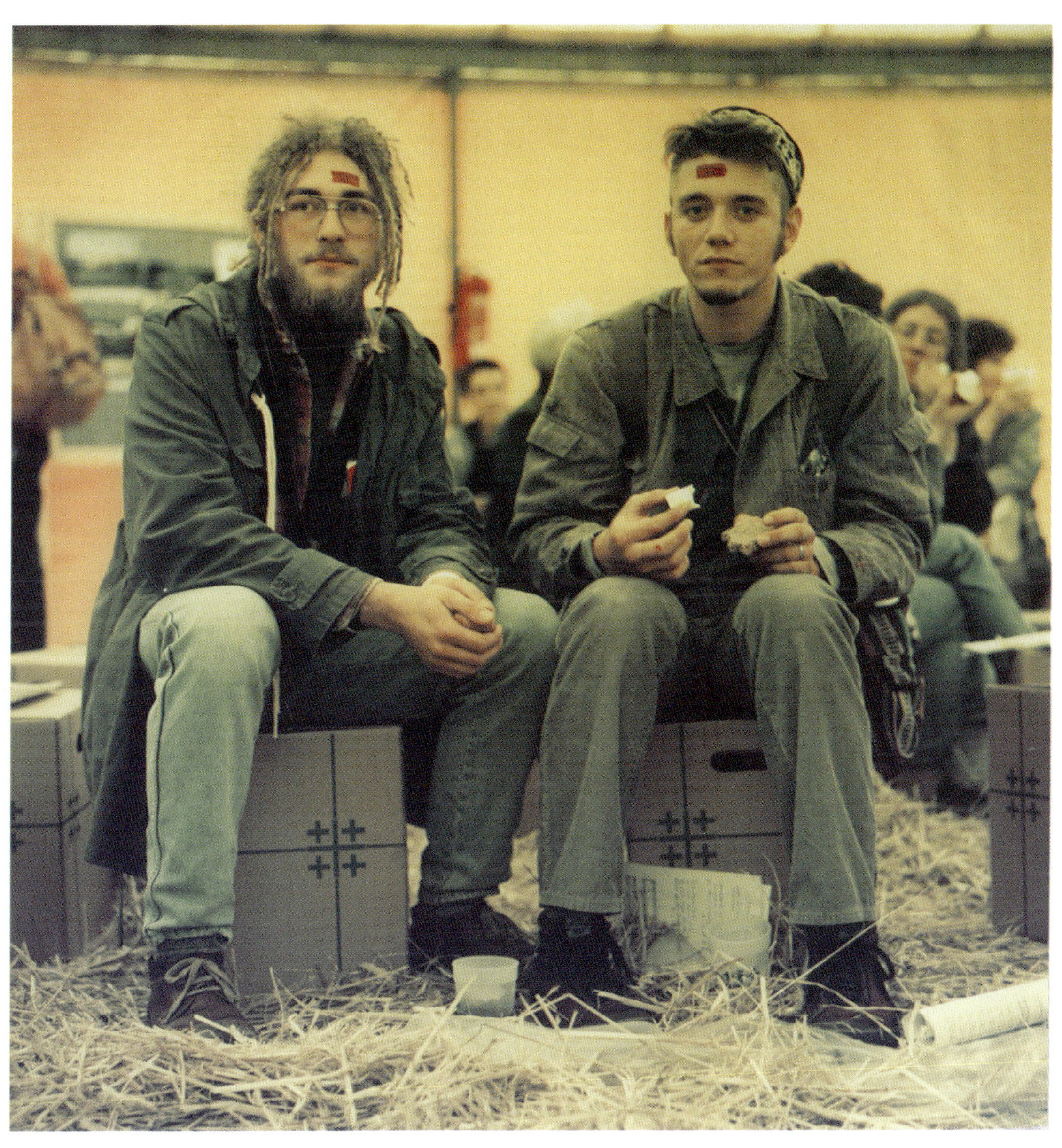

Inez VAN LAMSWEERDE

Nata ad/She was born in Amsterdam (Holland) nel/in 1963.
Vive e lavora tra/She lives and works between Amsterdam
e/and New York.

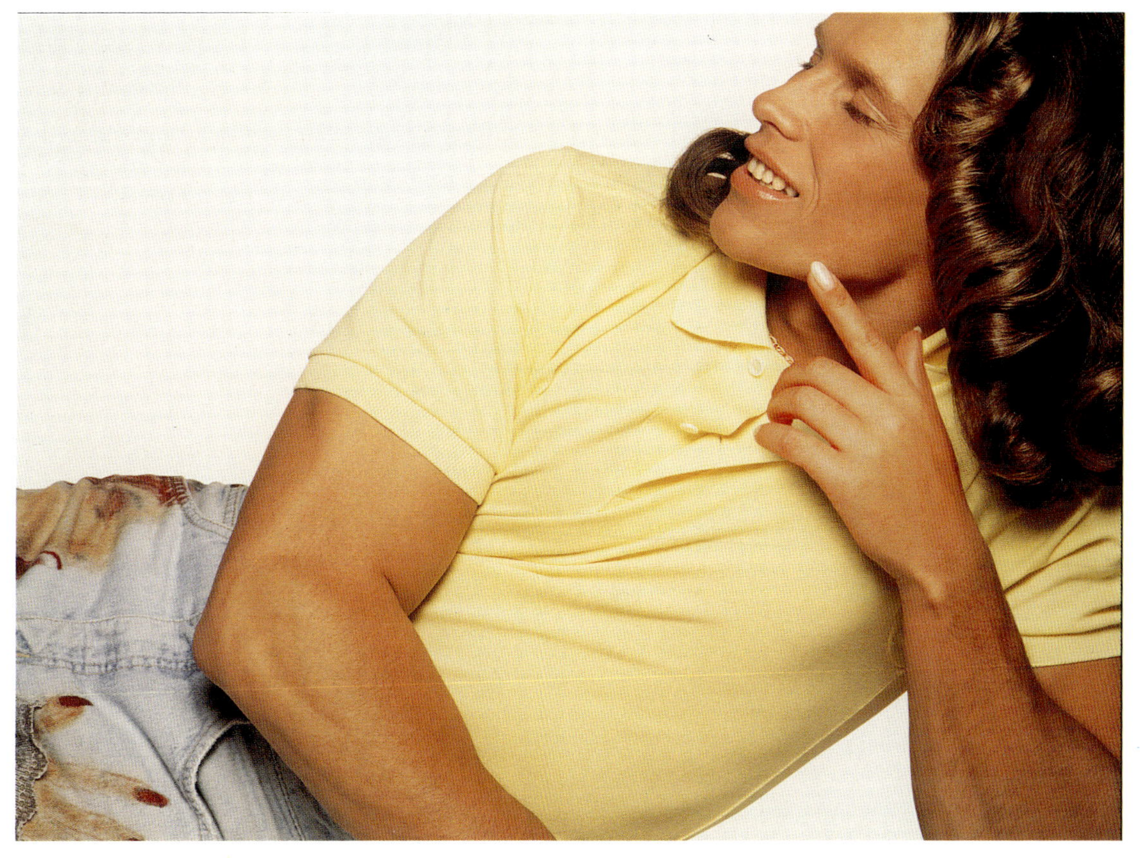

Maurizio VETRUGNO

Nato a/He was born in S.Antonino di Susa (To) nel/in 1957.
Vive e lavora a/He lives and works in Torino.

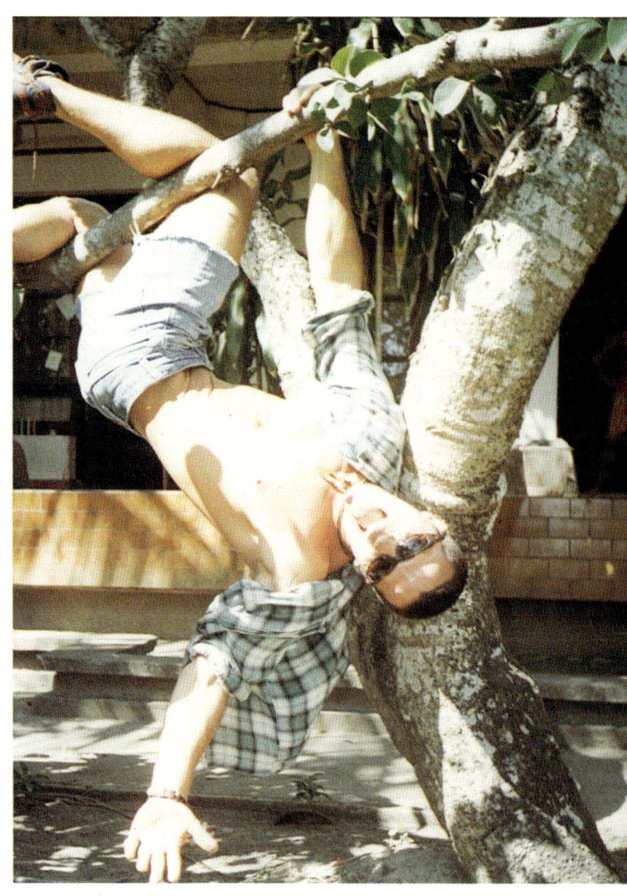

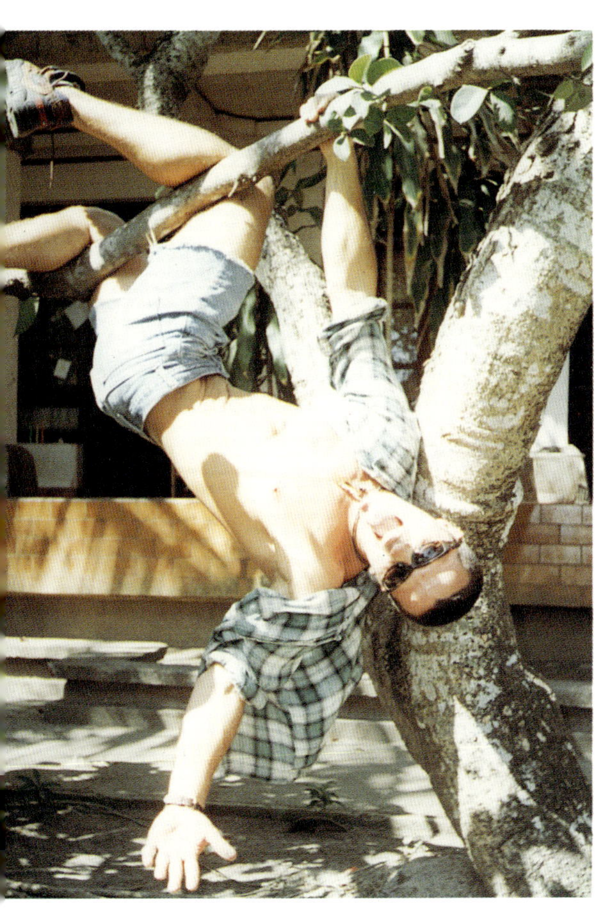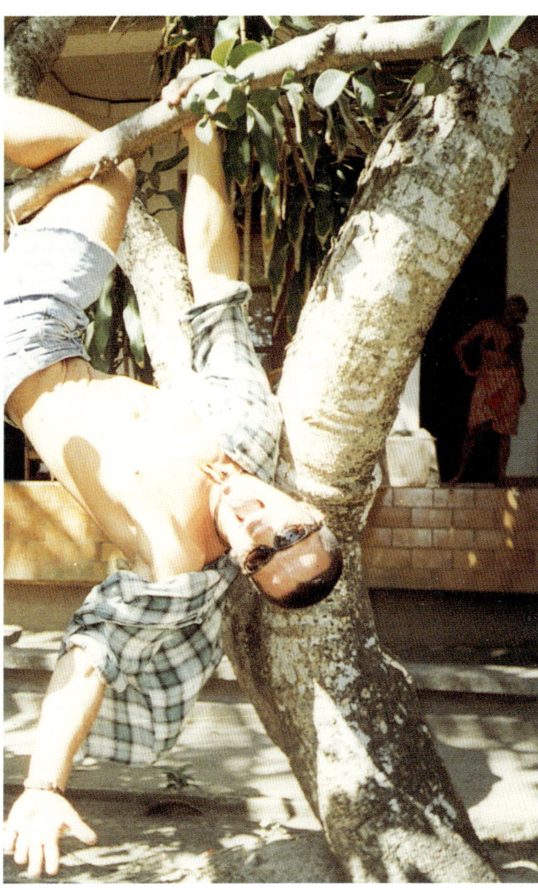

Gillian WEARING

Nata a/She was born in Birmingham (Great Britain) nel/in 1963.
Vive e lavora a/in London.

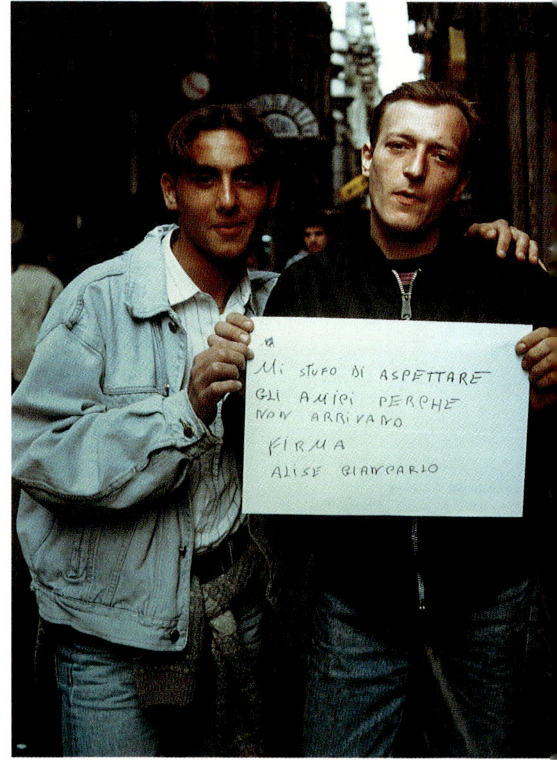

Signs that say what you want them to say
and signs that say what someone else wants you to say, 1994

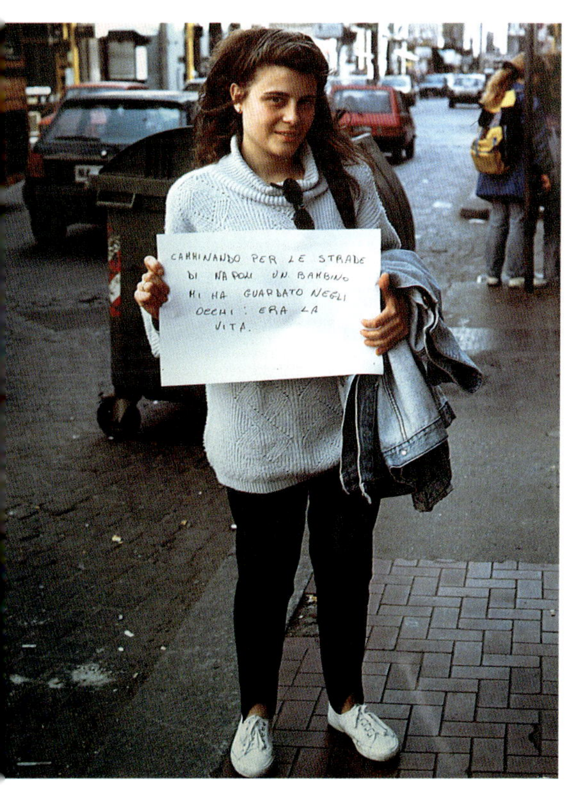

CAMMINANDO PER LE STRADE
DI NAPOLI UN BAMBINO
MI HA GUARDATO NEGLI
OCCHI : ERA LA
VITA.

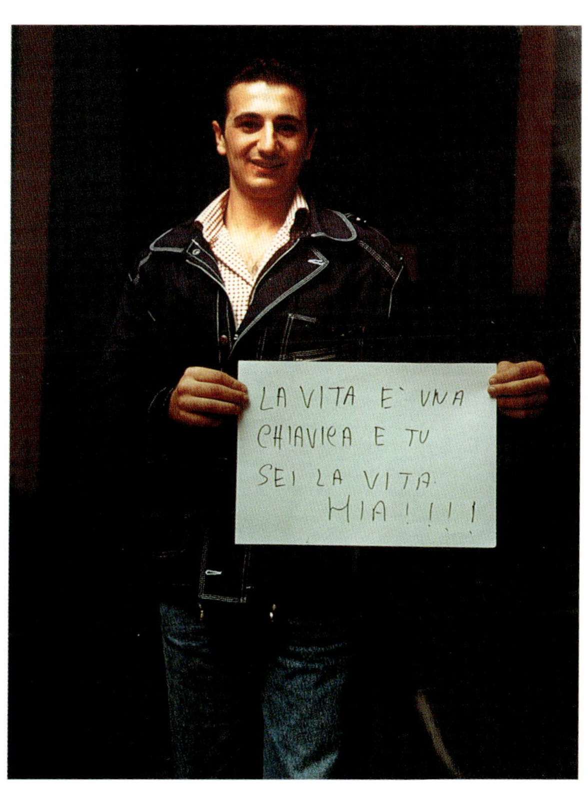

LA VITA È UNA
CHIAVICA E TU
SEI LA VITA
MIA ! ! ! !

Jane & Louise WILSON

Nascono a/They was born in Newcastle Upon Tyne
(Great Britain) nel/in 1967.
Vivono e lavorano a/They live and work in London.

Crawl Space, 1996

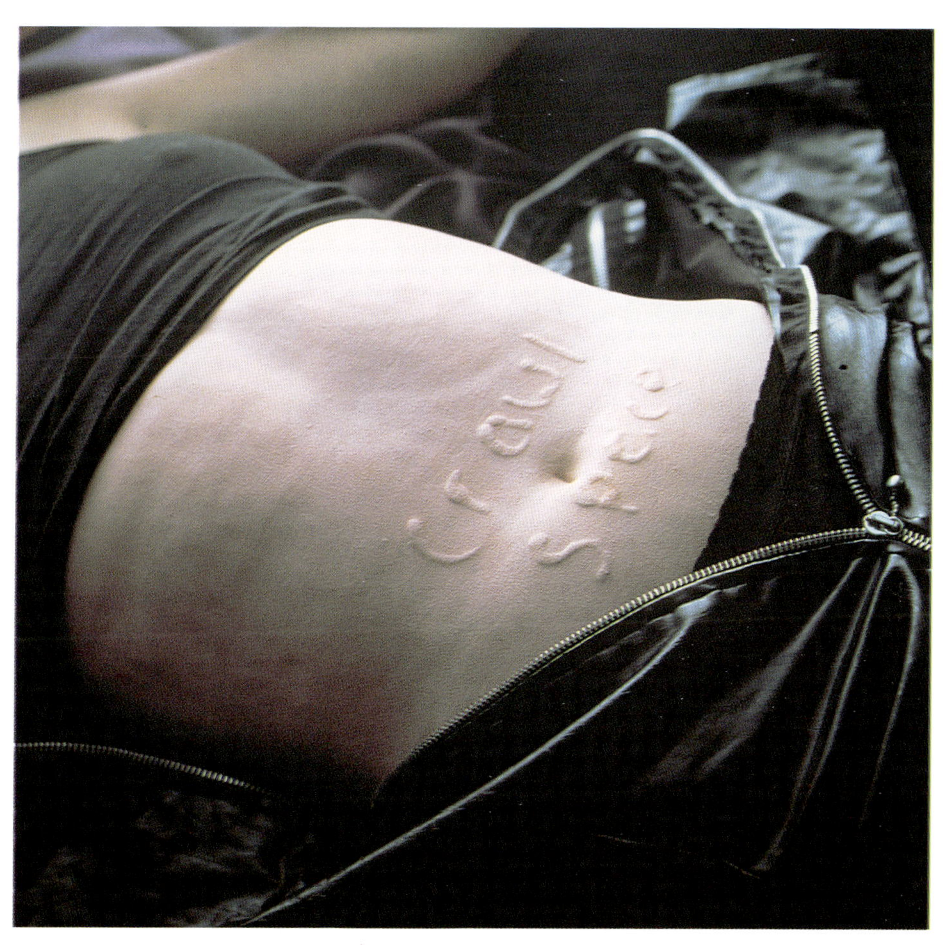
Crawl
Space

Elenco delle opere in mostra / Works in the exhibition

Enrica BORGHI

Abito da lavoro, 1997
Denim e sacchetti di
plastica/Denim and plastic bags
150x50x25 cm (ogni
gamba/each leg)
p. 51

Enzo CUCCHI

Idolo della luce, 1997
Pietra (marmo della
Maiella)/Stone (marble from
Maiella)
70x55 cm
non riprodotto/not reproduced

GLIGOROV

Performance, 1997
Cibachrome su alluminio/
Cibachrome on aluminium
200x200 cm
p. 67

Myriam LAPLANTE

Senza Titolo, 1997
Fotografia con uno strato di
resina/Photograph covered with
resin
140x100 cm
p. 78

Senza Titolo, 1997
Fotografia con uno strato di
resina/Photograph covered with
resin
140x100 cm
p. 79

Eva MARISALDI

Specchio, 1996
Cornice in metallo con inserti in
tessuto/Metal frame with cloth
48X25 cm
p. 91

McDERMOTT & McGOUGH

*The Anachronistic Conversion of
the Modern Man*, 1990
Olio su tela di lino/Oil on linen
127,6x92 cm
p. 95

Andrea PAZIENZA

*Gasp! Il mio giubbazzo di
Energie*, 1986-87
Sagome di polistirolo dipinte con
tecnica mista (pastello e
acrilico)/Mixed media painted
polystyrene shapes (pastel and
acrylic)
180x100 cm
p. 108-109

Richard PRINCE

C&G (Cowboy and Girlfriends),
1992
Fotografia a colori/Color
photograph
30x57 cm
p. 117

Sabrina SABATO

Meridiana, 1997
Fotografia su carta e
alluminio/Photograph on paper
and aluminium
100x90 cm
p. 123

Tom SACHS

Guru Chew, 1997
Installazione realizzata in
jeans/Installation with jeans
150x100x30 cm
p. 125

Solomon AVITAL

One Pair of Jeans, 1997
Denim

147,3x142,2 cm
p. 38

*From the series: Human Denim
Nothing*, 1997
Denim
147,3x142,2 cm
p. 39

Ford BECKMAN

*Clown with Hat with Real and
White Balls on Blue*, 1994
Serigrafia, smalto, acrilico, matita,
pastello, pigmenti industriali su
denim e legno con cornice/Silk-
screen printing, enamel, acrylic,
pencil, pastel, industrial pigment
on denim and wood with frame
162x128 cm
p. 45

Ross BLECKNER

Senza Titolo, 1996
Olio su tela/Oil on canvas
76x76 cm
p. 47

Alighiero BOETTI

Aerei, 1988-89
Trittico; pennarello blu su carta
intelata/Triptych; dark blue felt-
tip pen on framed paper
63,5x45,5 cm (ognuno/each)
p. 48-49

Silvie FLEURY

Concetto Spaziale, 1996
Denim
100x70 cm
p. 61

Erwin OLAF

Blu, 1997
Fotografia a colori con cornice/
Framed color photograph
110x110 cm
p. 101

Luigi ONTANI

Pollo'ck', 1997
Ceramica
policroma/Polychrome baked
clay
218x52x66 cm
p. 103

Mimmo PALADINO

Senza Titolo, 1978

Olio su tela/Oil on canvas
20x30 cm
p. 107

Alessandro RAHO

Ewan, 1997
Olio su tela/Oil on canvas
92x70 cm
p. 119

Marco SAMORÈ

Assistenza Sanitaria, 1997
Stampa fotografica su
alluminio/Photographic print on
aluminium
100x140 cm
p. 126

Assistenza Sanitaria, 1997
Stampa fotografica su
alluminio/Photographic print on
aluminium
140x100 cm
p. 127

BALLETTI & MERCANDELLI

Senza Titolo, 1997
Fotografia su
alluminio/Photograph on
aluminium
90x52 cm
p. 41

Monica CAROCCI

Senza Titolo, 1997
Stampa fotografica su
alluminio/Photographic print on
aluminium
200x120 cm
p. 53

Dinos & Jake CHAPMAN

Chromosexual, 1997
Fibra di vetro, resina, pittura,
parrucche e scarpe da
ginnastica/Fibreglass, resin,
paint, wigs and trainers
105x90x50 cm
p. 55

Sandro CHIA

L'Energia, 1994
Olio su tela e denim azzurro/Oil
on canvas and blue denim

120x95 cm
p. 57

Daniele GALLIANO

Senza Titolo, 1993
Olio su tela/Oil on canvas
30x35 cm
p. 63

Fabrice LANGLADE

Ex-In, 1997
Video
p. 76-77

Philip LORCA DI CORCIA

Joe Whitman, 24 years old, Los Angeles, California, $25, 1990-92
Fotografia a colori/Color photograph
63,5x81,5 cm
p. 83

Miltos MANETAS

Flames (Lara Croft), 1997
Stampa fibercolor/Fibercolor print
100x150 cm
p. 86

Flames (Lara Croft), 1997
Stampa fibercolor/Fibercolor print
100x150 cm
p. 87

Paul McCARTHY

Saloon Production Still, 1996
Fotografia a colori/Color photograph
51,3x51,3 cm
p. 92

Saloon Production Still, 1996
Fotografia a colori/Color photograph
51,3x51,3 cm
p. 93

Tracey MOFFATT

Up in the Sky, 1997
Fotografia a colori/Color photograph
72x102 cm
p. 96

Up in the Sky, 1997
Fotografia a colori/Color photograph
72x102 cm
p. 96

Up in the Sky, 1997
Fotografia a colori/Color photograph
72x102 cm
p. 97

Up in the Sky, 1997
Fotografia a colori/Color photograph
72x102 cm
p. 97

Catherine OPIE

Richard, 1994
Stampa cromogenica/Chromogenic print
100x75 cm
p. 105

PIERRE et GILLES

Didier, 1994
Foto e tecniche miste/Photograph and mixed media
121x95 cm
p. 115

Miguel ROTHSCHILD

Everybody needs Miguel Rotschild, 1997
Fotografia a colori/Color photograph
175x120 cm
p. 121

Andres SERRANO

History of Sex: Martyr,1996
Cibachrome
152,5x125,7 cm
p. 130

Jane & Louise WILSON

Crawl Space,1996
Fotografia a colori su porex/Color photograph on porex
102,5x125 cm
p. 143

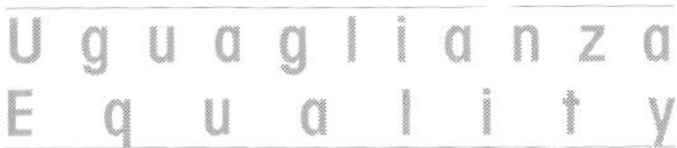

ART CLUB 2000

Untitled (Industria Superstudios 1), 1992-93
Fotografia a colori/Color

photograph
20,5x25,5 cm
p. 36

Untitled (Times Square/Gap Grunge 1), 1992-93
Fotografia a colori/Color photograph
20,5x25,5 cm
p. 36

Untitled (Paramount Hotel/Gap Grunge), 1992-93
Fotografia a colori/Color photograph
20,5x25,5 cm
p. 37

Untitled (Tavern on the Green 2), 1992-93
Fotografia a colori/Color photograph
20,5x25,5 cm
p. 37

Giovanna DI COSTA

Voglio un figlio da Maurizio Cattelan, 1997
Fotografie colorate/Color photograph
21x243 cm
p. 58-59

Richard HAMILTON

Kent State, 1970
Pastello su carta/Pastel on paper
56,5x76,2 cm
p. 71

Kent State, 1970
Serigrafia su carta/Silk-screen on paper
56,5x76,2 cm
p. 71

Carl HOPGOOD

Sleeping Figure, 1994
Installazione video 16 mm/Video installation 16 mm
Dimensioni variabili/Variables dimensions
p. 73

Marcos LUTYENS
e Joseph SANTARROMANA

Channel Wash, 1997
Installazione con jeans e video/Installation with jeans and video
Dimensioni variabili/Variables dimensions
p. 85

Aldo MONDINO

Convertirsi al jeans, 1994
Olio su linoleum, due paia di jeans Energie/Oil on linoleum, two pair of jeans Energie
190x140 cm
p. 99

Alberta PELLACANI

La Prima Volta, centro diurno per anziani, da sinistra Almina, Alcide, Evanzio, Ermete, Ada, Maria, Ivonne e Luigi, 1997
Fotografia a colori/Color photograph
70x100 cm
p. 110-111

Sam TAYLOR-WOOD

Five Revolutionary Seconds IV, 1996
Fotografia a colori/Color photograph
25x200 cm
p. 132-133

Wolfgang TILLMANS

Torben & Jonas, 1995
Fotografia a colori, ed. 5/10
Color photograph, 5/10 ed.
30x40 cm
p. 135

Gillian WEARING

Signs that say what you want them to say and signs that say what someone else wants you to say, 1994
Fotografia stampa Ciba montata su alluminio/Ciba print photograph on aluminium
30x40 cm
p. 140

Signs that say what you want them to say and signs that say what someone else wants you to say, 1994
Fotografia stampa Ciba montata su alluminio/Ciba print photograph on aluminium
30x40 cm
p. 141

Signs that say what you want them to say and signs that say

what someone else wants you to
say*, 1994
Fotografia stampa Ciba
montata su alluminio/Ciba print
photograph on aluminium
30x40 cm
p.141

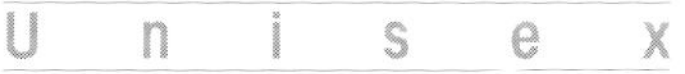

Matthew BARNEY

Delay of Game, 1991
Fotografia bianco e nero,
plastica/Black and white
photograph and plastic
30x15 cm
p. 43

Nan GOLDIN

Shooting Up in the Car, Naples,
1986
Fotografia a colori/Color
photograph
76,2x101,6 cm
p. 68-69

Paulina HUMERES

Adamo ed Eva, 1997
Installazione/Installation
70x100x15 cm
p. 75

Mario SCHIFANO

Senza Titolo, 1994
Plexiglass, tavola, olio su denim
blu/Plexiglass, wooden panel, oil
on blue denim
161x61x15,5 cm
p. 128

Senza Titolo, 1994
Plexiglass, tavola, olio su denim
blu/Plexiglass, wooden panel, oil
on blue denim
161x61x15,5 cm
p. 129

Andres SERRANO

History of Sex: Alessandra, 1996
Cibachrome
152,5x125,7 cm
p. 130

Tazzie, 1997
Cibachrome
165x138 cm
p. 131

Inez VAN LAMSWEERDE

The Forest-Klaus, 1995
Foto su plexiglass
Diebond/Photograph on
Diebond plexiglass
135x180 cm
p. 137

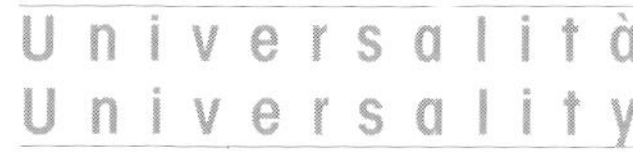

GILBERT & GEORGE

Mix, 1992
4 pannelli fotografici dipinti/4
painted photographic panel
169x142 cm
p. 65

Roy LICHTENSTEIN

Composition II, 1994
Nastro, carta dipinta e stampata
su tavola/Ribbon, painted paper
and printed paper on wooden
panel
70,8x97,8 cm
p. 80-81

Matthew MARELLO

Life's a Beach, 1997
Stampa digitale in vinile/Vinyl
digital print
120x180 cm
p. 88-89

Maurizio PELLEGRIN

Tucson tea, 1993
Tecniche miste, fotografia,
cuoio, fettuccia, jeans/Mixed
media, photograph, cuir, ribbon,
jeans
130x90 cm
p. 113

Maurizio VETRUGNO

Damian Walshe-Howling, 1997
Fotografia in 3D/3D photograph
25x20 cm
p. 138-139

Finito di stampare nel mese di dicembre 1997
da Leva spa, Sesto San Giovanni
per conto di Edizioni Charta